Bauwelt Fundamente 86

Herausgegeben von
Ulrich Conrads und Peter Neitzke

Beirat:
Gerd Albers
Hansmartin Bruckmann
Lucius Burckhardt
Gerhard Fehl
Herbert Hübner
Julius Posener
Thomas Sieverts

Christian Kühn

Das Schöne, das Wahre und das Richtige

Adolf Loos und das Haus Müller in Prag

Friedr. Vieweg & Sohn Braunschweig/Wiesbaden

Die erste Fassung der vorliegenden Arbeit
entstand am Institut für Gebäudelehre der TU Wien.
Ich danke dem Vorstand, Herrn Professor Anton Schweighofer,
für seine freundliche Unterstützung.

Der Verlag Vieweg ist ein Unternehmen der Verlagsgruppe Bertelsmann.

Alle Rechte vorbehalten
© Friedr. Vieweg & Sohn Verlagsgesellschaft mbH, Braunschweig 1989
Umschlagentwurf: Helmut Lortz
Satz: Satzstudio Frohberg, Freigericht
Druck und buchbinderische Verarbeitung: Lengericher Handelsdruckerei, Lengerich
Printed in Germany

ISBN 3-528-08786-2   ISSN 0522-5094

Inhalt

Einleitung *7*

Erster Teil
Beschreibung des Hauses Müller
Baugeschichte *11*
Lage *11*
Konstruktion *13*
Raum- und Funktionskonzept *13*
Der Weg durch das Haus *15*
Die Räume *36*
Baukörper und Fassaden *62*
Resultate *70*

Zweiter Teil
Zum Begriff der Wahrheit in der frühen Moderne
Die verlorene Wahrheit:
der Historismus und seine Feinde *73*
Das Bauhaus oder die naturwissenschaftliche Wahrheit *75*
Die Wiederentdeckung des Chaos *77*
Le Corbusier oder die Freude an der Kraft *79*
Mies oder das Schöne als Abglanz des Wahren *89*
Adolf Loos oder die Wahrheit als ethischer Begriff *98*
Das Paradoxon als Prinzip *101*
Eine Schlußbemerkung *104*

Literatur *108*
Bildquellen *109*

Einleitung

Um das Jahr 1930, zur selben Zeit also wie das Haus Müller in Prag, entstanden zwei Villenbauten, die in der Architekturgeschichte des 20. Jahrhunderts einen herausragenden Platz einnehmen: das Haus Tugendhat von Ludwig Mies van der Rohe in Brünn (eine profane Variante seines Barcelona-Pavillons) und die Villa Savoye von Le Corbusier in Poissy. Während diese beiden Gebäude als Meilensteine der Moderne gelten, blieb das Haus Müller trotz seiner unbestreitbaren Qualität vergleichsweise unbekannt. Die Gründe dafür sind zum Teil schlicht biographischer Natur: Loos starb bereits drei Jahre nach der Fertigstellung der Villa, Mies und Corbusier starben erst 1969 beziehungsweise 1965. Überdies war Adolf Loos sein Leben lang in eine Art Außenseiterrolle gedrängt, und seine wenigen Schüler wurden während des Zweiten Weltkriegs oder danach in alle Welt zerstreut.
Die eigentliche Ursache für das geringe Interesse an diesem Bau, den Loos selbst für sein interessantestes Werk hielt (1/359), ist freilich anderswo zu finden. Die ersten Kunsthistoriker, die sich Anfang der dreißiger Jahre, wie Nikolaus Pevsner oder Henry Russell-Hitchcock, mit der modernen Architektur auseinandersetzten, betrachteten deren Entwicklung unter einem ganz bestimmten Blickwinkel: dem Durchbruch des Maschinenzeitalters und der Ingenieurästhetik in der Architektur. In diesen Prozeß läßt sich das Werk von Adolf Loos nur insofern einordnen, als sich darin Loos' leidenschaftliche Ablehnung aller kunsthandwerklichen Tendenzen manifestiert, durch die das Reich der künstlerischen Gestaltung vor dem verderblichen Einfluß der industriellen Produktionsweise geschützt werden sollte. So ist für Pevsner der entscheidende Beitrag Loos' zur modernen Architektur dessen radikale Ablehnung des Ornaments, was er vor allem als Vorwegnahme und Bestätigung des ‚Internationalen Stils' interpretiert. (2/197) Folgerichtig findet sich bei ihm auch als einzige Abbildung eines Werks von Loos ein Foto der Gartenseite des Hauses Steiner aus dem Jahr 1909 (Abb. 1).

1 Haus Steiner, 1910
2 Haus Müller, 1930

Für den Historiker, der versucht, die Geschichte der Moderne von diesem Blickwinkel her aufzurollen, muß das Werk von Adolf Loos als bloße Problemformulierung erscheinen. Loos hat zwar erkannt, daß sich das Ornament und der Historismus überlebt haben, aber fehlt nicht der entscheidende Schritt zu einer neuen Formensprache, die einem Zeitalter des Kollektivismus, der Maschine und der industriellen Produktion adäquat ist? Vergleicht man die Fassade des Hauses Steiner (Abb. 1) mit der des Hauses Müller (Abb. 2), so hat sich für einen oberflächlichen Betrachter so gut wie nichts verändert. Und für einen Historiker, der Architekturgeschichte vor allem als Formengeschichte schreiben will, müssen die 20 Jahre, die zwischen diesen beiden Entwürfen liegen, im Werk Loos' als Periode weitgehender Stagnation erscheinen. Sichtbare Entwicklung findet anderswo statt: beim Bauhaus, in der Stijl-Bewegung, bei den russischen Konstruktivisten.

Vor diesem Hintergrund muß auch das Loos-Bild der ersten Zeit nach 1945 gesehen werden. Geschichtsschreibung ist Vereinfachung, und vom komplexen theoretischen und praktischen Werk Loos' blieb im Bewußtsein der Nachkriegszeit nur, was sich leicht in die Hauptströmungen einordnen ließ – ein einziger Essay, oder eigentlich nur dessen Titel: „Ornament und Verbrechen".

Dieses verzerrte Bild wurde inzwischen gründlich revidiert. Schon 1959 gab es eine Ausgabe von *Casabella*, die sich eingehend mit Loos beschäftigte, und inzwischen sind mehrere Monographien über sein Werk erschienen. Der Jahrhundertwende-Boom der letzten Jahre hat ihn auch für eine breitere Öffentlichkeit interessant gemacht: Seine Schriften wurden neu aufgelegt, die Biographien sämtlicher Ehefrauen folgten. Auch die Architekturtheorie entdeckte ihn wieder für sich. Denn genauso wie Otto Wagner oder Josef Hoffmann hat Loos nie seine Bindung an die Tradition verleugnet und wurde dadurch zu einem der Schutzheiligen jener Theoretiker, die eine ‚Architektur der Erinnerung' als Antwort auf die ‚geschichtsfeindliche' Moderne predigen.

Diese Rezeptionsgeschichte zeigt vor allem eines: Das Werk von Adolf Loos wurde stets vor dem Hintergrund der jeweils aktuellen architekturtheoretischen Diskussion betrachtet. Was für Nikolaus Pevsner das Haus Steiner war, ein Baustein für die eigene Argumentation, ist für Aldo Rossi die monumentale Säule für die Chicago Tribune. Das bruchstückhafte, oft geradezu widersprüchliche theoretische Werk Adolf Loos' verführt seinerseits dazu, sich hier und dort einen Aphorismus herauszugreifen und in die eigene Theorie einzufügen.

Ich möchte ein unbefangeneres Bild der Looschen Denkweise entwerfen: nicht von einer ideologischen Position außerhalb seines Werks, sondern gewissermaßen von innen. Das Haus Müller, das Loos selbst für eine Zusammenfassung seiner Ideen hielt, ist dafür ein geeigneter Ausgangspunkt. Mit der Analyse dieses Werks beschäftigt sich der erste Teil meiner Arbeit.

Im zweiten Teil geht es um die Stellung der Looschen Denkweise gegenüber den zeitgenössischen Tendenzen und im besonderen um den vielschichtigen Begriff der ‚Wahrheit‘, der in der Architekturtheorie der Moderne eine zentrale Rolle spielt.

Erster Teil
Beschreibung des Hauses Müller

Baugeschichte

Der Architektenvertrag zwischen Adolf Loos und Dr. Frantisek Müller, einem Bauingenieur und Mitbesitzer der Baufirma Kapsa und Müller, wurde am 30. Oktober 1928 unterzeichnet. Mitarbeiter bei der Planung des Hauses war Karel Lhota.
Baubewilligung wird im Juni 1929 erteilt. Bereits im Juli 1929 ist der Rohbau fertig. Der Baubeginn lag demnach vor der Erteilung der Baubewilligung. Mit dem Innenausbau wird im Oktober 1929 begonnen, im Februar 1930 ist der Bau fertiggestellt.
Im Dezember 1930 feierte Loos im Haus Müller seinen 60. Geburtstag.
Das Haus blieb bis Anfang der siebziger Jahre im Besitz der Familie Müller. Nach dem Tod von Milada Müller ging es in staatlichen Besitz über und ist zur Zeit Sitz eines Archivs der kommunistischen Partei der CSSR.

Lage

Das Haus wurde auf einem Nordhang am Stadtrand von Prag errichtet. Am oberen und am unteren Rand der Parzelle führen zwei Straßen vorbei, die sich etwa 500 m stadtauswärts in spitzem Winkel treffen. Das Haus ist an die obere Grundstücksgrenze gerückt und um etwa 15 Grad aus der Fallinie des Hangs gedreht.
Haupteingang und Zufahrt liegen an der Südseite des Hauses. Von der oberen Straße führt eine kurze Rampe hinunter zum Haupteingang mit dem Vordach (Abb. 4); von dort gibt es eine längere Rampe zur Garage an der Westseite.
Obwohl auf Loos' Entwurfsskizzen der Nordpfeil eingetragen ist (Abb. 52), dürfte die Besonnung der Einzelräume den Entwurf nicht beeinflußt haben: Alle Fenster der Wohnhalle sind nach Norden gerichtet, südorientiert sind nur das Herrenzimmer, die Küche und einige Nebenräume. Ein wesentlicheres Kriterium war für Loos sicher der Blick auf die östlich gelegene Prager Altstadt.

3 Haus Müller, im Bau

Konstruktion

Die Außenwände des Hauses bestehen aus Ziegelmauerwerk, im Inneren gibt es statt tragender Innenwände vier Stahlbetonstützen mit Unterzügen (Abb. 3). Die Deckenplatten sind in diesem System entsprechend den Anforderungen des Raumplans gespannt. Ein ähnliches System mit nur einer Innenstütze wählte Loos 1922 für das Haus Rufer. Drei der vier Innenstützen stehen auf den Eckpunkten eines Rechtecks, die südwestliche ist um etwa 80 cm zur Außenwand gerückt, um die Eingangslösung im Erdgeschoß zu ermöglichen.
Das Dach wurde als Holzzementdach ausgeführt, die Belichtung des zentralen Treppenhauses erfolgt durch ein Glasstahlbetonoberlicht.
Für Fenster und Fenstertüren verwendete Loos eine gewöhnliche Kastenfensterkonstruktion in Holz. Die äußeren Fensterflügel sind dabei durch filigrane Sprossen in liegende Felder geteilt und in einem hellen Braun deckend gestrichen (Zustand 1986). Die inneren Flügel dagegen sind sprossenlos verglast und weiß lackiert.
Offensichtlich hatte die gewählte Konstruktion kaum Einfluß auf die formale Ausbildung des Hauses. Stahlbeton und Ziegelmauerwerk sind gleichermaßen mit weißem Putz überzogen, und dort, wo es Loos aus Proportionsgründen notwendig erschien, etwa beim Erker des Eßzimmers, wendet er auch Scheinkonstruktionen an. Die Beschränkung auf konventionelle Lösungen ist für die gestellte Bauaufgabe völlig ausreichend und zweckmäßig, und Loos dürfte sich bei der Kombination von Ziegel und Stahlbeton auch für die damals preiswerteste Lösung entschieden haben.

Raum- und Funktionskonzept

1934 äußerte sich Dr. František Müller in einer Beschreibung des „Letzten Hauses" von Adolf Loos, einem Holzhaus für Dr. Müllers Tochter, auch allgemein über dessen Arbeitsweise: „Das Prinzip der Raumanordnung besteht bei Loos in der Gruppierung der einzelnen Räume mit ihren Flächen und Ebenen in angemessenen Höhenunterschieden um das Treppenhaus herum, so wie es dem Tagesablauf entspricht. Dabei entsteht beim Steigen der verschiedenen Treppen kein Eindruck von Kraftaufwand, derart müssen die Treppen übersichtlich und menschengerecht angeordnet sein. Diesen Eindruck von Selbstverständlichkeit

hat Loos stets bei seinen Lösungen durch Raum- und Fensterachsen ebenso unterstrichen wie bei der Dimensionierung der Treppen oder anderem." (1/646)
Vor allem zwei Aussagen sind hier wichtig: die Anordnung der verschiedenen Funktionen im Raum, „so wie es dem Tagesablauf entspricht", und der Hinweis auf den „Eindruck von Selbstverständlichkeit", der dabei entstehen muß. Diese Sätze lassen sich natürlich im Sinn des Funktionalismus deuten, aber Loos geht über den rein technischen Aspekt dieses Begriffs weit hinaus: Das Haus ist für ihn keine Maschine, es ist Schauplatz, aber auch Interpretation von Lebensvorgängen. Zwei Textstellen sollen das verdeutlichen.
Bei seinen Stadtwanderungen 1913 und 1914 argumentierte Loos gegen den Kassensaal der Postsparkasse von Otto Wagner – den er im übrigen sehr schätzte – und bezeichnete ihn als „miserable Lösung, wo das Publikum, das doch nur 10 bis 20 Minuten dort zu tun hat, in blendendem Licht steht, während die Beamten den ganzen Tag bei künstlichem Licht arbeiten müssen und schlechter dran sind als im alten Gebäude". (1/188) Trockener Funktionalismus? Betrachten wir dazu einen Satz aus dem Jahre 1903: „Heraus mit Euren Federn, ihr Menschen- und Seelenschilderer! Schildert einmal, wie sich Geburt und Tod, wie sich die Schmerzensschreie eines verunglückten Sohnes, das Todesröcheln einer sterbenden Mutter, die letzten Gedanken einer Tochter, die in den Tod gehen will, in einem Olbrichschen Schlafzimmer abspielen und aussehen!" (3/19) Vor diesem Hintergrund soll die Raumkonzeption des Hauses Müller im folgenden betrachtet werden.
Die Beschreibung gliedert sich in zwei Abschnitte. Der erste beschäftigt sich vor allem mit dem Weg durch das Haus und gibt damit eine kurze Übersicht über das Gesamtgebäude, während im zweiten eine detailliertere Beschreibung der einzelnen Räume gegeben wird. Diese Gliederung entspricht der Loosschen Denkweise, wie sie František Müller oben beschrieben hat: sie erleichtert das Verständnis der komplizierten Struktur des Gebäudes. (Außerdem sei hier auf Josef Frank und seinen Artikel „Das Haus als Weg und Platz" verwiesen.)

Der Weg durch das Haus

Der Haupteingang an der Südseite des Hauses besteht aus einem überdeckten Vorplatz und einer etwa einen halben Meter tiefen, in der Fassadenmitte liegenden Eingangsnische (Abb. 4). Die Eingangstür, eine Sitzbank und ein Blumentrog sind zurückgesetzt und bilden zusammen eine symmetrische Figur. Die Eingangstür selbst liegt ganz links in dieser Nische und führt in einen schmalen, smaragdgrün gefliesten Windfang. Hier teilt sich der Weg durch Gebäude: zur Rechten öffnet sich eine Tür zu einer zweiläufigen Personaltreppe, die fast alle Niveaus auf kürzestem Weg erschließt, wodurch Loos bei der Gestaltung des offiziellen, feierlichen Wegs völlig frei vorgehen konnte. Dieser offizielle Weg führt weiter in der Längsachse des Windfangs in einen Vorraum mit Garderobe und Toilette. Abb. 5 zeigt den Blick in diesen Raum vom Windfang aus: Die Wände sind mit weiß lackiertem Holz vertäfelt, die Decke in einem stumpfen Blau gestrichen. Die Symmetrie des Raumes ist durch eine Sitzbank betont, die zwischen zwei Pfeiler eingesetzt ist. Rechts neben dieser Bank – in der Verlängerung der Achse des Windfangs – beginnt eine Treppe, die nach einer Drehung um 90 Grad in den Wohnraum mündet.

Der Besucher steht nun genau in der Achse eines der drei Fenster des Wohnraums, in einer Nische, in der die weiße Holzverkleidung des Vorraums sich fortsetzt. (Abb. 6). Die Raumhöhe beträgt an diesem Punkt knappe zwei Meter. Tritt der Besucher einen Schritt vor, so befindet er sich an einer ‚Wegkreuzung': nach links führt eine angewendelte Treppe zum Zimmer der Dame, nach rechts eine gerade Treppe zum Speisezimmer. Der Besucher hat hier zwar schon die volle Raumhöhe des Wohnraums, vier Meter, über sich; um aber wirklich im Wohnraum zu stehen, muß er noch einen Schritt vortreten.

Die Achse dieses ‚Tors', die den Besucher bis hierher geführt hat, verliert ihre Wirkung und wird nun durch die Längsachse des Wohnraums abgelöst (Abb. 7). Die zwei Fenstertüren, die den Kaminplatz belichten, öffnen sich zu einer Terrasse, deren Verbindung mit dem ‚Tor' eine diagonale Bewegung in die ansonsten ruhige, axiale Komposition des Wohnraums einführt. Abb. 9 zeigt den gerade beschriebenen Weg im Schnitt, Abb. 10 dieselbe räumliche Abfolge in einer schematischen, axonometrischen Darstellung.

Betrachten wir nun die Verbindung des Wohnraums mit dem Speisezimmer (Abb. 8). Dessen Symmetrieachse, akzentuiert durch den Wandverbau und die Position des Eßtisches, fällt mit der Achse der ganz rechten Fenstertür des Wohnraums zusammen. Das Fußbodenniveau des Speisezimmers befindet sich 1,4 m über dem des Wohnraums, während die Decken der beiden Räume auf gleicher Höhe liegen. Die Oberflächen dieser Decken sind jedoch völlig unterschiedlich gestaltet: während die Decke des Wohnraums im gleichen Weiß wie Wände und Unterzüge verputzt ist, gibt es im Speisezimmer eine Kassettendecke aus poliertem Mahagoni. Diese fast schwarze, glänzende Decke hat zwei anscheinend völlig entgegengesetzte Effekte: Einerseits läßt sie den Raum durch die dunkle Farbe niedriger erscheinen, andererseits verdoppelt sie ihn durch Spiegelung in der Höhe. Diese Verdoppelung ergibt keine zufällige Proportion: Die Grundfläche des Speisezimmers beträgt – ohne den Erker – genau 5 x 5 m, die Raumhöhe 2,5 m. Durch die Spiegelung entsteht ein virtueller Kubus von 5 m Seitenlänge. Abb. 11 zeigt die Situation im Schnitt.

Der Besucher, der vom Wohn- ins Speisezimmer gehen will, muß zuerst zurück zu dem Punkt, an dem er den Wohnraum betreten hat (Abb. 6). Von hier aus führt eine gerade Treppe über sechs Stufen zu einem Zwischenpodest und dann über eine weitere Stufe ins Speisezimmer. (Abb. 12).

Diese einzelne Stufe hat eine besondere Funktion. Sie hilft, das Speisezimmer als eigenständigen Raum zu definieren, und gleichzeitig kennzeichnet sie das Zwischenpodest als einen besonderen Ort, an dem im Rhythmus des Treppensteigens eine kurze Pause eingelegt wird. Der Grundriß zeigt, daß es sich hier tatsächlich um einen besonderen Ort handelt, der auf keinen Fall niveaugleich an das Speisezimmer anschließen darf: Von hier führt, exakt in der Symmetrieachse des Wohnraums und damit des gesamten Hauses, die Treppe in die oberen Stockwerke weiter. Loos hat bei dieser Lösung sogar einen funktionellen Nachteil in Kauf genommen: Kommt man auf der Treppe von oben herunter, so muß man zuerst auf das Niveau des Zwischenpodests und dann wieder eine Stufe hinauf ins Eßzimmer. Abb. 15 und 16 zeigen den Blick vom Treppenhaus zum Zwischenpodest und umgekehrt. Die Tür ist späteren Datums. Abb. 13 zeigt den Originalzustand des Jahres 1930, von der Halle aus gesehen.

Ursprünglich war das Treppenhaus nicht nur völlig offen zum Wohnraum, sondern auch zum Speisezimmer. Abb. 8 zeigt den Zustand 1970, nachdem diese Verbindung durch eine weiße Holzfüllung geschlossen wurde. Die drei horizontalen Messingstangen in der linken

4 Eingang

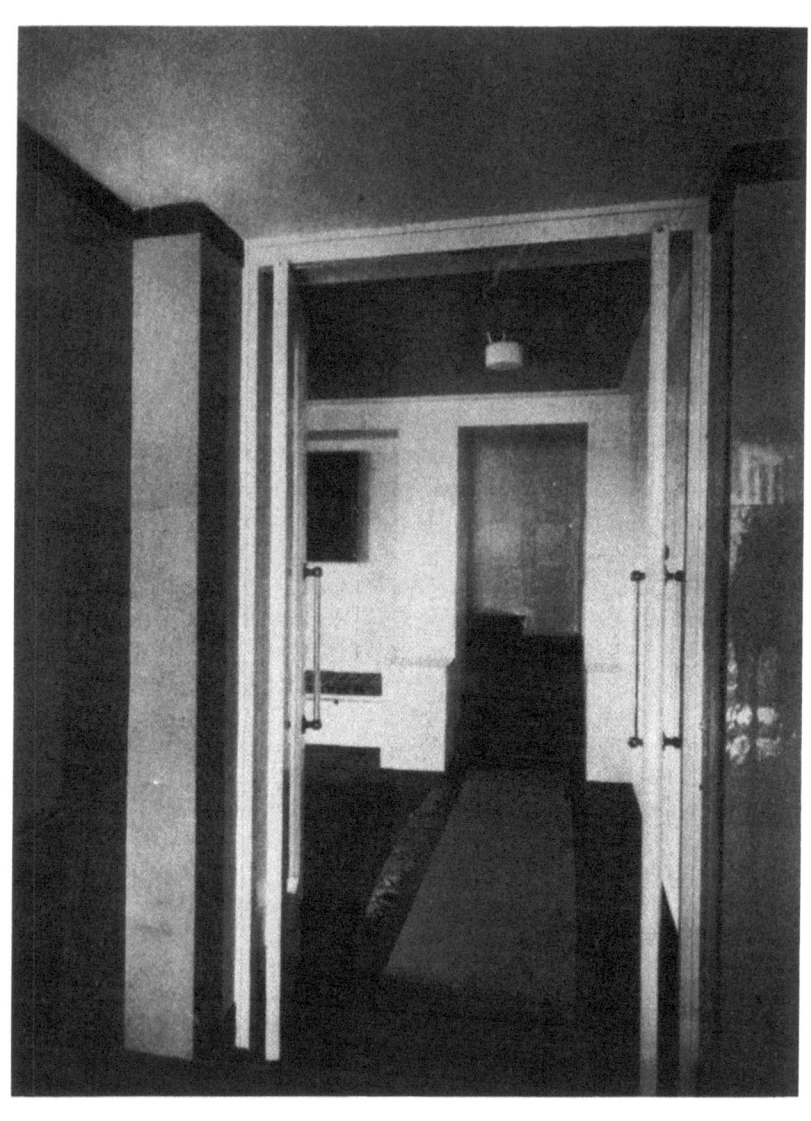

5 Blick vom Windfang in den Vorraum

6 Eingangsnische in der Halle mit Treppe zum Damenzimmer

7 Halle. Blick zum eingebauten Sofa

8 Speisezimmer. Rechts Aufgang von der Halle

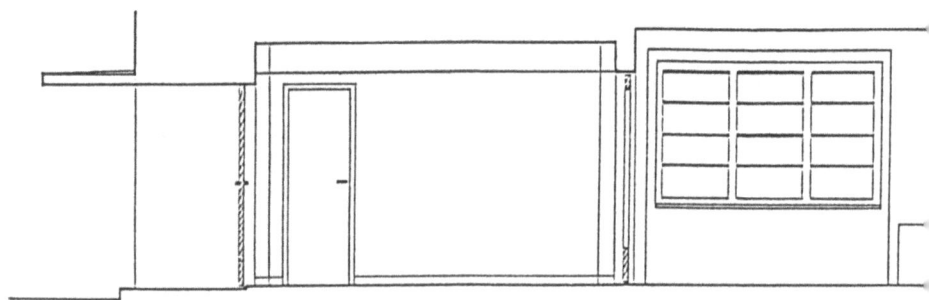

9 *Schnitt Eingang – Halle*

Eingang   *Windfang und Vorraum*

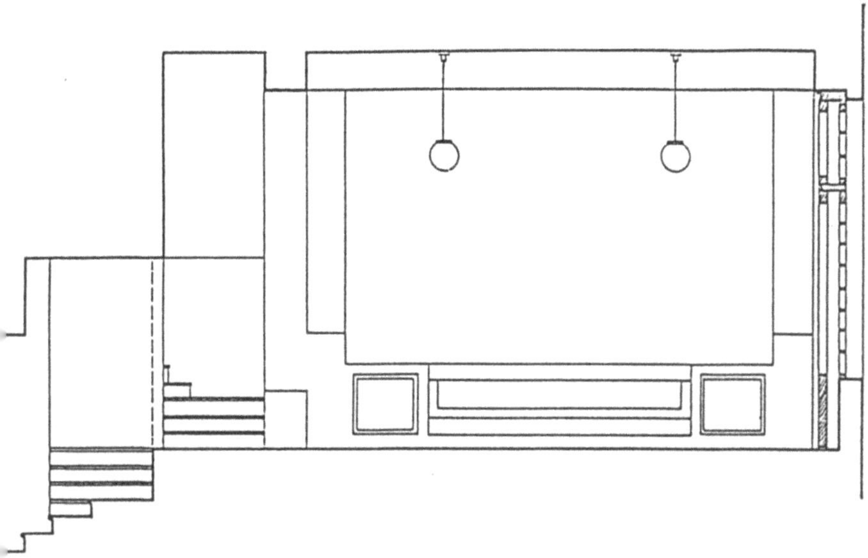

Treppe   *Halle*

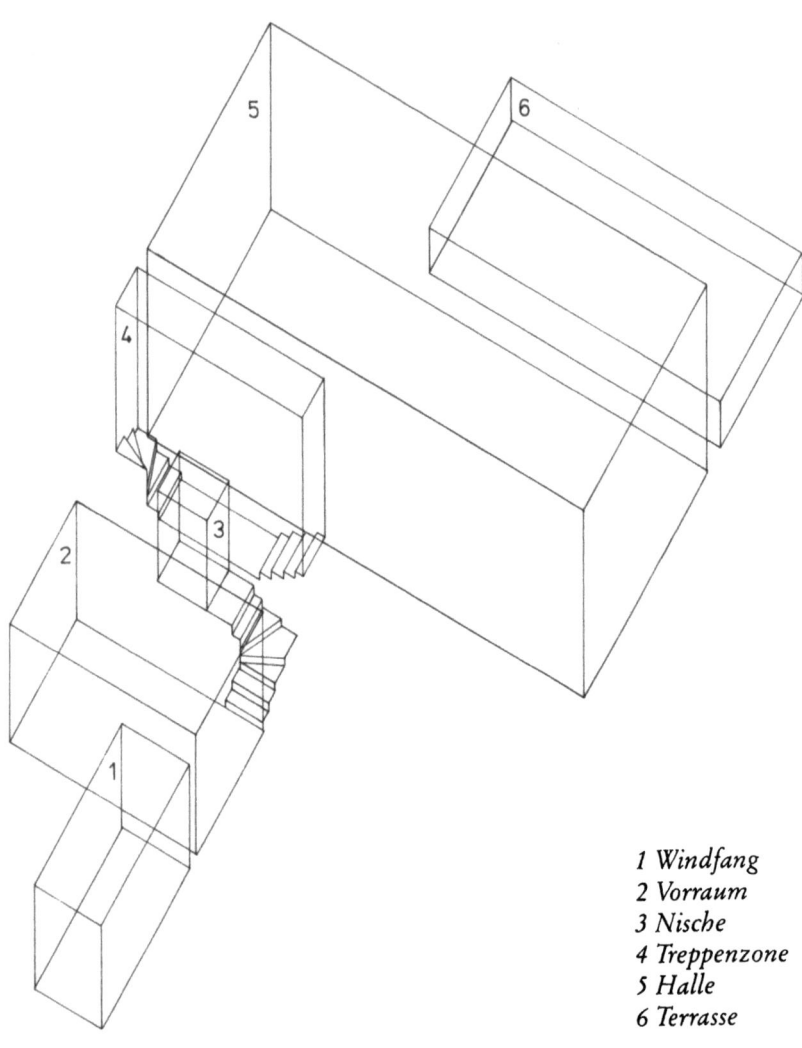

1 Windfang
2 Vorraum
3 Nische
4 Treppenzone
5 Halle
6 Terrasse

10   Axonometrie der Eingangssequenz

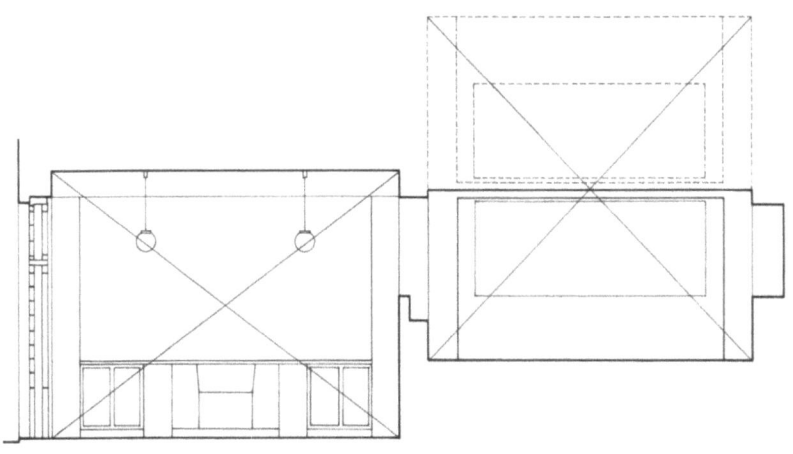

11 Schnitt durch Halle und Speisezimmer

12 Treppe von der Halle ins Speisezimmer

13 Blick von der Halle in Richtung Speisezimmer

14 Speisezimmer

15 Blick von der Halle ins zentrale Treppenhaus

16 Blick vom zentralen Treppenhaus in die Halle

17 Zentrales Treppenhaus

Öffnung dienten als Geländer, da das Fußbodenniveau dahinter nur etwa 30 cm unter der Oberkante des Buffetschranks liegt. Anstelle der Holzfüllungen waren ursprünglich Vorhänge angebracht (Abb. 14). Ich gehe deswegen so genau auf diese nachträglichen Veränderungen ein, weil durch sie eine der schönsten räumlichen Sequenzen des Hauses Müller zerstört wurde: die Verbindung zwischen dem öffentlichen Bereich mit Wohn- und Eßzimmer und dem darüberliegenden privaten Bereich.

Am besten läßt sich diese Sequenz aus der Sicht eines Bewohners erklären, der von einem der Schlafräume im oberen Stockwerk über die Haupttreppe in den Wohnraum hinuntergeht. Er betritt zuerst einen sehr introvertierten Raum (Abb. 17), den man wegen des Oberlichts mit einem römischen Impluvium vergleichen kann (4/56), geht dann die Treppe hinunter, und in einer einzigen Drehung am Ende dieser Treppe erschließt sich ihm die gesamte Konstellation von Wohnraum und Speisezimmer mit den verschiedenen Ausblicken ins Freie. Die Lichtführung unterstützt diesen Effekt: Bevor die Holzfüllungen angebracht wurden, erhielt das Treppenhaus im unteren Niveau direktes Licht von der Seite, während das Glasstahlbetonoberlicht nur sehr diffuses Licht auf die Galerie fallen läßt. Abb. 18 zeigt die Situation im Grundriß. Interessant ist dabei auch der Schnittpunkt der Symmetrieachsen von Wohn- und Speisezimmer am zweiten Treppenpodest. Hier liegt gleichzeitig der Schwerpunkt des Gesamtgrundrisses, und auch die Vertikale ist durch die Proportion des Treppenhauses und durch das Oberlicht betont.

Die erste wichtige räumliche Sequenz im Haus Müller, zusammengefaßt: Man betritt das Haus durch einen niedrigen Windfang, geht weiter in einen hellen, weiß getäfelten Vorraum, von dort sieben Stufen hinauf auf das Niveau des Wohnraums und dann in einer spiralförmigen Bewegung vorbei am Speisezimmer in eine Art Impluvium, von dem aus die privatesten Räume erschlossen werden. Abb. 20 zeigt die Projektion dieses Wegs auf den Grundriß, Abb. 19 eine Schnittaxonometrie, die deutlich macht, wie dieser Weg Wohn- und Speisezimmer nur berührt, die Bereiche aber nicht verletzt.

Neben diesem ‚feierlichen' Weg durch das Haus gibt es, wie bereits erwähnt, auch einen zweiten, der die einzelnen Niveaus auf kürzestem Weg verbindet. Eine zweiläufige Treppe führt vom Keller über das Eingangsniveau, das Niveau von Küche und Speisezimmer zu den Schlafräumen und schließlich ins Dachgeschoß. Im Unterschied zu anderen

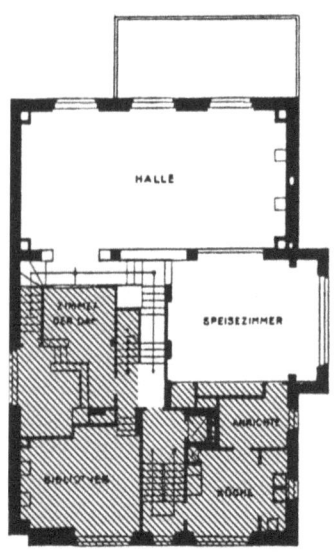

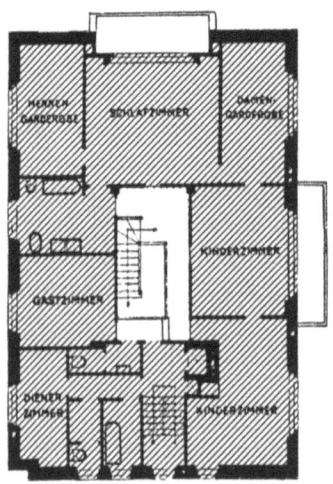

18 Grundrißanalysen

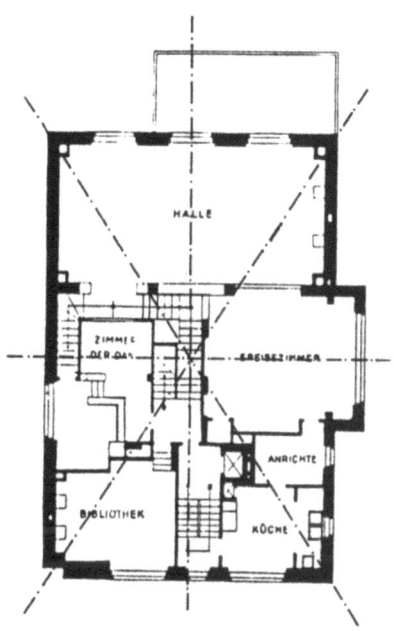

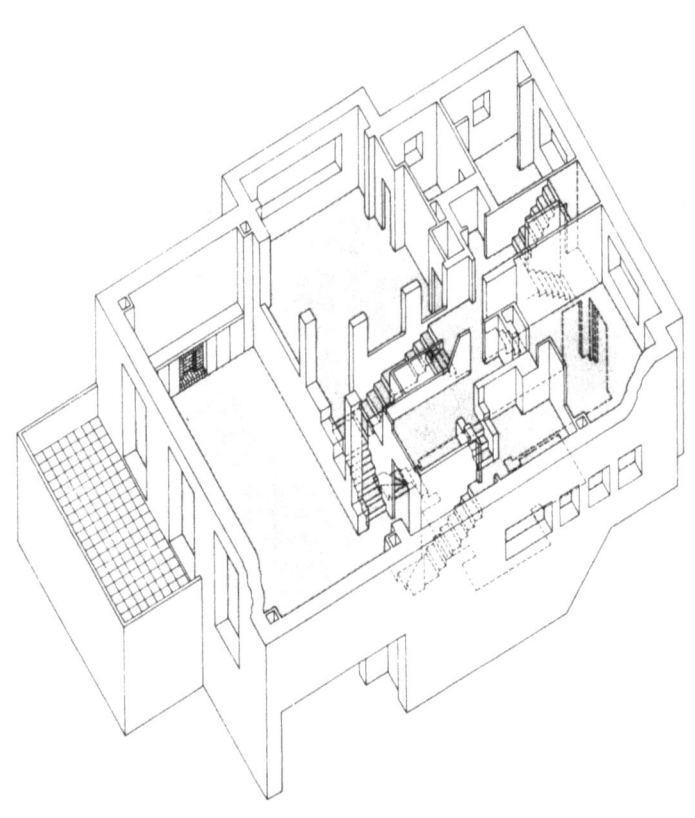

19 Schnittaxonometrie

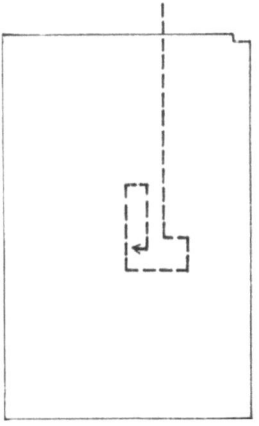

20 *Projektion der Erschließung auf den Umriß des Hauses*

Entwürfen, wo diese ‚Dienstbotentreppe' völlig unabhängig von der Haupttreppe angelegt und meistens auch als Wendeltreppe ausgeführt ist, sind die beiden Treppen im Haus Müller miteinander verknüpft. Loos scheint besonders darauf geachtet zu haben, daß an den Verbindungsstellen der beiden Wege (im 1. und 2. Stock) die Achsen der Treppenläufe zusammenfallen – ein Umstand, der letztlich für die Ausklinkung der südwestlichen Ecke des ansonsten völlig rechteckigen Baukörpers verantwortlich ist. Ich werde auf diesen Punkt noch bei der Diskussion der Fassaden zurückkommen.

Zusätzlich zur Nebentreppe gibt es zur Verbindung der Niveaus einen Lift, der vom Keller über das erste Zwischenniveau zum Schlafgeschoß und weiter ins Dachgeschoß führt. Ein Speiseaufzug verbindet die Küche, das Schlafgeschoß und das Dachgeschoß, in dem sich ein ‚Sommerspeisezimmer' befindet.

Die Räume

Nach dieser ersten Beschreibung, die sich vor allem mit der Bewegung durchs Haus beschäftigte, sollen im folgenden einige Räume genauer untersucht werden. Neben der Analyse von Proportion, Material und Funktion möchte ich auch Vergleiche zu früheren Arbeiten von Loos anstellen. Kriterium ist dabei nicht die Entwicklung der Loosschen Gestaltungstechnik, sondern vielmehr die Ähnlichkeit mit früheren Arbeiten. Wie bei kaum einem anderen Architekten der an Umwälzungen ja nicht gerade armen Epoche von 1900 bis 1930 finden sich im Werk von Adolf Loos über Jahrzehnte hinweg gleichbleibende Muster. In Heinrich Kulkas Loos-Buch heißt es dazu: „Genug der Originalgenies! Wiederholen wir uns unaufhörlich selbst. Ein Haus gleiche dem anderen. Man kommt dann zwar nicht in die ‚Deutsche Kunst und Dekoration' und wird nicht Kunstgewerbeschulprofessor, aber man hat seiner Zeit und damit seinem Volk am besten gedient." (3/19)
Die einzelnen Räume sind in der folgenden Beschreibung nach einem Gesichtspunkt gruppiert, den Loos bei seinen Entwürfen immer besonders berücksichtigt hat: nach der Hierarchie der Privatheit. Je weiter man in das Haus eindringt, desto privater und zurückgezogener werden die Räume. Dieser Gedanke ist weder neu noch besonders sensationell, aber zusammen mit der Idee des Raumplans gelingen Loos dabei faszinierende Lösungen mit subtilen Abstufungen und Schwellenbereichen.

Beispiele für derartige Raumfolgen lassen sich vor allem beim islamischen Haus finden, etwa bei den beiden Häusern Al-Kiridliya und Amna bint Salim im Zentrum von Kairo. (Abb. 21) Neben der äußeren formalen Ähnlichkeit mit dem Haus Müller gibt es weitere Parallelen: die komplexe Anordnung von verschieden hohen Räumen in einem kompakten Gesamtbaukörper; die Auszeichnung von besonderen Räumen durch symmetrische Fassadenmotive; das Haus als System von Wegen und Plätzen, wobei es ganz bestimmte, zum Teil auch nach Geschlechtern getrennte Wege für Bewohner und Besucher gibt. Die Zuordnung des Damenzimmers zur zweigeschossigen Halle im Haus Müller entspricht genau jener von Haramlik und Mandara im islamischen Haus (Abb. 22).

Loos selbst hat einen direkten Einfluß der islamischen Architektur auf seine Arbeit immer bestritten. (Gelegenheit dazu hatte er spätestens seit dem Haus Scheu aus dem Jahr 1912, von dem gesagt wurde, daß eine derartige Bauweise wohl in Algier, nicht aber in Wien am Platz wäre.) Allerdings unternahm Loos zwischen 1910 und 1912 drei Reisen nach Nordafrika. Er lernte dort eine islamische Architektur kennen, die nicht so sehr von persisch-sassanidischen Wurzeln, sondern von der römischen Antike geprägt ist. Möglicherweise fand er hier eine Bestätigung für seinen Klassizismus, während Le Corbusier von seinen Reisen nach Nordafrika mit der Vision vom „Spiel der unter dem Licht versammelten Baukörper" nach Europa zurückkehrte.

Wie in den meisten anderen seiner Villenbauten, legt Loos im Haus Müller die Wohnräume in die oberen Ebenen, um die angestrebte Abstufung vom öffentlichen zum Privaten zu erreichen. Bei dem einzigen Haus, bei dem er dieses Prinzip verlassen muß, der Villa für Alexander Moissi am Lido von Venedig Abb. 23, 24, stellt er die Hierarchie der Privatheit auf eine andere Art wieder her. Eine Freitreppe führt auf die große Dachterrasse, die den Wohnräumen vorgelagert ist; der offizielle Weg führt also von oben nach unten ins Haus. Der normale Eingang auf Straßenniveau dient dort mehr der Ökonomie des täglichen Lebens, während durch die Freitreppe jene psychologischen Bedürfnisse erfüllt werden, auf denen die Hierarchie der Privatheit aufbaut.

21 Haus in Kairo

22 Innenraum eines Kairoer Hauses

23 Haus Moissi, 1924, Modell

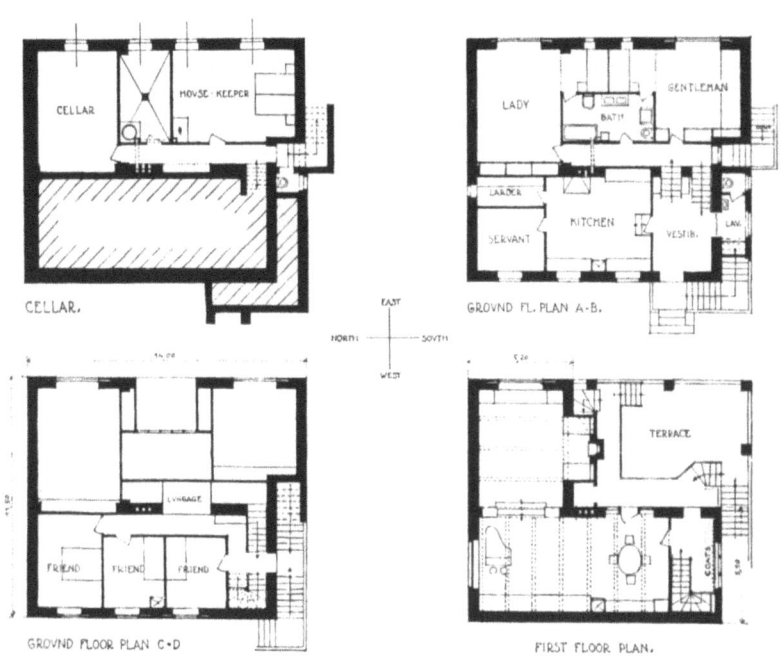

24 Haus Moissi, 1924, Grundrisse

25 Wohnung Schwarzwald, 1905

Vorräume

Diese Raumgruppe besteht aus dem Windfang (Abb. 5), einem kleinen Sprechzimmer und dem eigentlichen Vorzimmer, an das die Garderobe mit Handwaschbecken und Toilette anschließt. (Das eigene Sprechzimmer ist vor allem deswegen notwendig, weil es zwischen dem Vorzimmer und dem Wohnraum keine Tür gibt.)
Farben und Materialien: „Windfang smaragdgrün gekachelt, im Vorraum weiße Wandverkleidung aus Holz. Stumpfblaue Decke (um den Raum niedriger erscheinen zu lassen)." (1/616)
Die einfache Wandverkleidung mit quadratischen Füllungen ist bei Loos ein häufiges Motiv; in der gleichen Ausführung verwendet er es etwa 1905 in der Wohnung Schwarzwald (Abb. 25).

Wohnhalle und Speisezimmer

Die Entwurfsskizze in Abb. A1 (im Anhang) zeigt, wie Loos bei der Zuordnung von Wohn- und Speiseraum vorgegangen ist. Beide Bereiche sind in ein Quadrat von rund 11,5 m Seitenlänge eingeschrieben. Die Wohnhalle nimmt die Hälfte dieses Quadrats ein, der Eßbereich findet in einem Viertel des Quadrats Platz. Die Wohnhalle baut also auf dem Verhältnis von 1:2 auf; durch die Pfeiler und Rücksprünge sind die Proportionen gleichwohl nicht mathematisch exakt. Das Speisezimmer wird durch den Erker etwas gestreckt, aber hier ist das Quadrat durch die dunkle Kassettendecke mit ihren 5 x 5 Feldern eindeutig betont.
Sowohl die Proportionen 1:2 als auch das Einschreiben von Wohn- und Speisezimmer in ein übergreifendes Quadrat läßt sich bei mehreren Entwürfen von Loos finden: im Haus für die Wiener Werkbundsiedlung (1931), beim Landhaus für Paul Khuner (1929), beim Haus Tristan Tzara in Paris (1926), beim Haus Rufer (1922) und beim Entwurf eines Landhauses für Leo Prinz Sapieha (1918). Abb. 26 zeigt die Proportionsanalyse für das Haus Müller und den Vergleich mit den erwähnten Beispielen.

Wohnhalle Abb. 7, 13, 27
Die Beschreibung der Halle durch Robert Scheu läßt an Pathos nichts zu wünschen übrig: „Ganz überraschend springt uns ein mächtiger

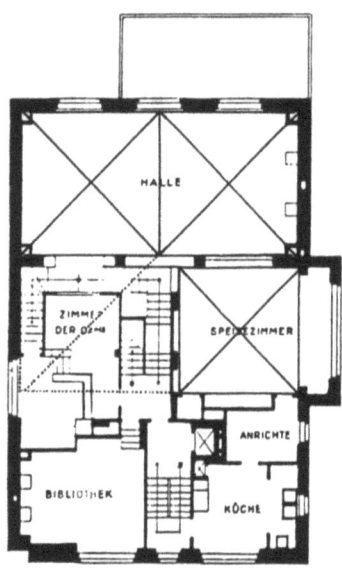

Haus Müller, 1930

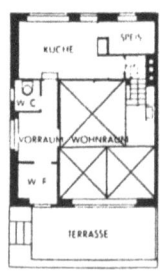

Werkbundsiedlung, 1931

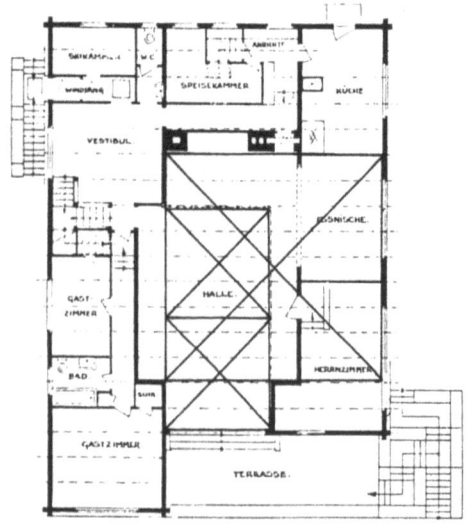

Landhaus Khuner, 1929

26 Grundrisse mit Proportionsanalysen

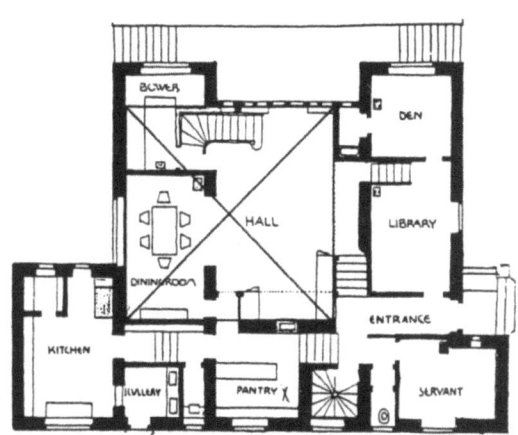

Landhaus für Leo Prinz Sapieha, Entwurf, 1918

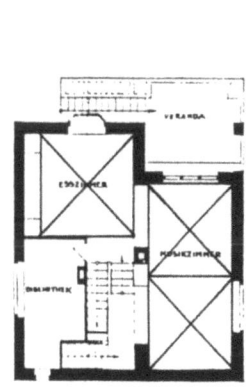

Haus Rufer, 1922

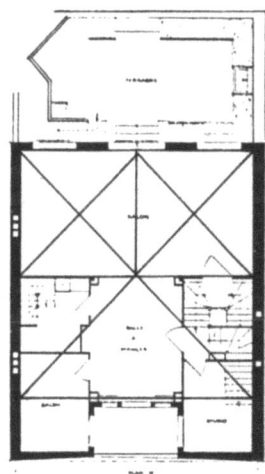

Haus Tristan Tzara, 1926

27 Blick in die Halle

Raum entgegen, ein Raum ohne Türe, dessen donnernde Ruhe uns einen Augenblick zu Boden wirft. Die Halle oder der Salon, jedenfalls der große Gesellschaftsraum, hat eigentlich nur drei Wände, an Stelle der vierten stehen eckige Marmorpfeiler und balkonartige Ausschnitte, durch welche man in die höheren Ebenen hinaufblickt. Die Halle, deren drei mächtige Fenster in die grandiose Landschaft schauen, ist trotz ihres erhabenen Stils ein familiärer, behaglicher Aufenthalt, der von Freundschaft und Geselligkeit durchwohnt scheint." (1/611)
Um dem Raum diese Geschlossenheit und „donnernde Ruhe" trotz der fehlenden vierten Wand zu geben, hat Loos die Längsachse des Raumes durch das fest eingebaute Sofa und den Kaminplatz gegenüber besonders betont. Von den drei Fenstern, die mit dem Verhältnis von 1:2 dieselbe Proportion wie die Grundfläche des Raums besitzen, sind zwei eigentlich Fenstertüren, die auf die Terrasse hinausführen. Die Innenansichten sind aber völlig identisch, da auch das Fenster mit einem bis auf Parapethöhe verglasten inneren Türflügel ausgestattet ist.
Besonders sei auf die beiden Fischbecken in der Wand vor dem Speisezimmer hingewiesen. Ohne diese ‚Fenster' würde die Brüstung an dieser Stelle viel zu hoch und unwohnlich erscheinen.
Farben und Materialien: „grüngeäderter Marmor mit rötlich-blauen und gelben Einsprenkelungen, gelbe Vorhänge, Fries und Decke weiß. Das Plüschsofa (gegenüber dem Kamin) mit weinrotem Samt bezogen, Teppiche mit viel Blau." (1/616) Der Marmor ist ein Cippolino de Saion aus dem Rhône-Tal. Loos verwendete ihn einige Jahre zuvor auch beim Knize-Salon in Paris.
Beleuchtung: Vier große Kugellampen, Lampen mit Stoffvorhängen an den Pfeilern der Fensterwand, eine Schirmlampe.

Speisezimmer Abb. 8, 14, 28

Das Speisezimmer liegt 1,4 m über dem Niveau der großen Wohnhalle. Die beiden Räume sind zusätzlich durch einen Unterzug getrennt, die Decken liegen jedoch auf gleicher Höhe. Im Speisezimmer ist eine Kassettendecke aus poliertem Mahagoniholz eingezogen, die den Raum einerseits durch ihre dunkle Farbe niedriger erscheinen läßt, ihn aber durch ihre Spiegelwirkung gleichzeitig nach oben verdoppelt. Bei einer Grundfläche von 5 x 5 Meter und einer Höhe von rund 2,5 Meter entsteht durch die Spiegelung ein virtueller Kubus von 5 m Seitenlänge (Abb. 11).
Die Verwendung von spiegelnden Deckenverkleidungen findet sich bei

28 Speisezimmer

Loos zum ersten Mal bei der Villa Karma mit Metallplatten im Vestibül und einer unprofilierten Kassettendecke in der Bibliothek. Die Kombination von rundem oder ovalem Tisch, Chippendalesesseln und einem symmetrischen Buffet ist von Loos immer wieder verwendet worden, etwa in der Wohnung Schwarzwald aus dem Jahr 1905 (Abb. 25). Die wandhohen Verbauten, die das Buffet zu beiden Seiten flankieren, haben völlig verschiedene Funktionen: im rechten befindet sich ein Schrank, im linken dagegen der Eingang zur Küche.
Farben und Materialien: „Mahagoni, Tisch mit Sienitplatte, Plüschvorhänge gegen außen gelb wie in der Halle. Heizkörper zinnoberrot." (1/616) Auch das Büffet ist mit einer Sienitplatte abgedeckt.
Beleuchtung: Deckenleuchte mit matter Glasplatte an Ketten als Blendschutz. Wandleuchten mit Vorhängen beim Erker und an den Pfeilern zum Treppenhaus. Glühfadenlampen beim Buffetschrank.

Küche (Abb. 29)

Die Küche besteht aus drei Bereichen, einer Anrichte, einer Spüle und dem quadratischen eigentlichen Kochraum. Von hier aus führt eine Tür auf ein Zwischenpodest der Nebenstiege. Abb. A1 (im Anhang) zeigt, daß Loos in seinem ersten Entwurf die Küche ins Untergeschoß legen und durch einen Speiseaufzug mit dem Eßzimmer verbinden wollte, eine Lösung, die er bei den meisten seiner Villenentwürfe wählte. In der endgültigen Fassung dient der Aufzug nur noch zur Versorgung des Schlafgeschosses und des Sommerspeisezimmers im Dachgeschoß.

Damenzimmer und Herrenzimmer

Die Halle und das Speisezimmer bilden den feierlichsten und zugleich öffentlichsten Teil des Hauses. Damen- und Herrenzimmer liegen in der Hierarchie der Privatheit eine Stufe höher; Loos legt sie daher auch auf ein anderes Niveau des Raumplans. Ein Besucher muß vom ersten Zwischenpodest in der Symmetrieachse des Hauses weiter ins ‚Impluvium', wo er zur Rechten die beiden Türen zum Herren- bzw. Damenzimmer vorfindet. Letzteres hat einen zusätzlichen Zugang direkt von der Halle aus, der über eine schmale Treppe (Abb. 6) zu erreichen ist. Besondere Beachtung verdient auch die Verbindung der beiden Räume

29 Küche

mit dem Elternschlafzimmer: Der Hausherr und die Dame des Hauses treffen sich, aus ihrer jeweils eigenen Welt kommend am Fuß einer Treppe, die sie hinauf in die gemeinsame Welt der Familie bringt. Eine Variation dieses Gedankens hat Loos für die Villa des Schauspielers Alexander Moissi am Lido von Venedig (Abb. 24) geplant. Auch dort haben das Herren- und das Damenzimmer ihren jeweils eigenen Eingang, sind aber zusätzlich miteinander verbunden, einmal durch das gemeinsame Bad, aber in erster Linie, nur mit Vorhängen als Trennung, über das Bett.

Im Haus Müller unterscheiden beide Räume sich nach ihrem Charakter und ihrer Konzeption: Das Herrenzimmer mit seinen dunklen Oberflächen und seiner strengen Symmetrie wirkt betont statisch und streng, während das Damenzimmer durch seine hellen Hölzer und Polsterungen einen fröhlichen und dynamischen Eindruck macht; es „vibriert vor Lustigkeit", sagt Robert Scheu in seiner Beschreibung.

Im ersten Entwurf (Abb. 51) erstreckt sich das Herrenzimmer über die ganze Schmalseite des Hauses, während sich das Damenzimmer zwar an der selben Stelle befindet, aber in einer völlig symmetrischen Konfiguration, mit der eingebauten Sitzgruppe in der Fensterachse. Es scheint überhaupt eher allgemein als intimerer Wohnraum konzipiert zu sein, nicht als Damenzimmer im engeren Sinne.

Damenzimmer (Abb. 32−35)
Die Konzeption des Zimmers wiederholt, wenn auch in einem kleineren Maßstab, die Gesamtkonzeption des Hauses. Es gibt zwei deutlich gekennzeichnete Ruhebereiche, den Sitzplatz mit dem Fenster zur Halle und das Sofa in einer diagonal gegenüberliegenden Nische. Über beiden ist die mit Zitronenholz verkleidete Decke abgesenkt. Die Raumhöhe beträgt beim Sitzplatz 1,90 m, über dem Sofa 2,40 m. Zwischen diesen beiden Ruhebereichen liegt ein rechteckiger Raum, in dem die diagonale Bewegung durch das Zimmer inszeniert ist. Dieser mittlere, dynamische Teil ist zweifach herausgehoben: einerseits durch die weiß verputzte Decke, die von einem breiten Holzband gerahmt ist, andererseits durch seine symmetrische Lage zum Fenster. In Abb. 30 ist dieser Interpretation eine zweite gegenübergestellt, die von den unterschiedlichen Niveaus im Raum ausgeht. An diesem Beispiel wird deutlich, wie sehr die Looschen Raumkompositionen auf der Überlagerung mehrerer, zum Teil widerstreitender Gestaltungsprinzipien aufbauen.

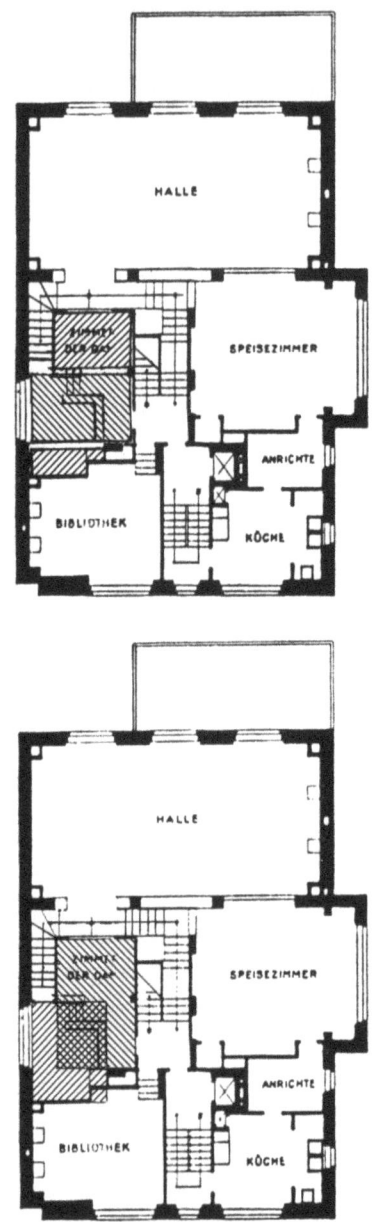

30 Grundrisse mit Proportionsanalysen

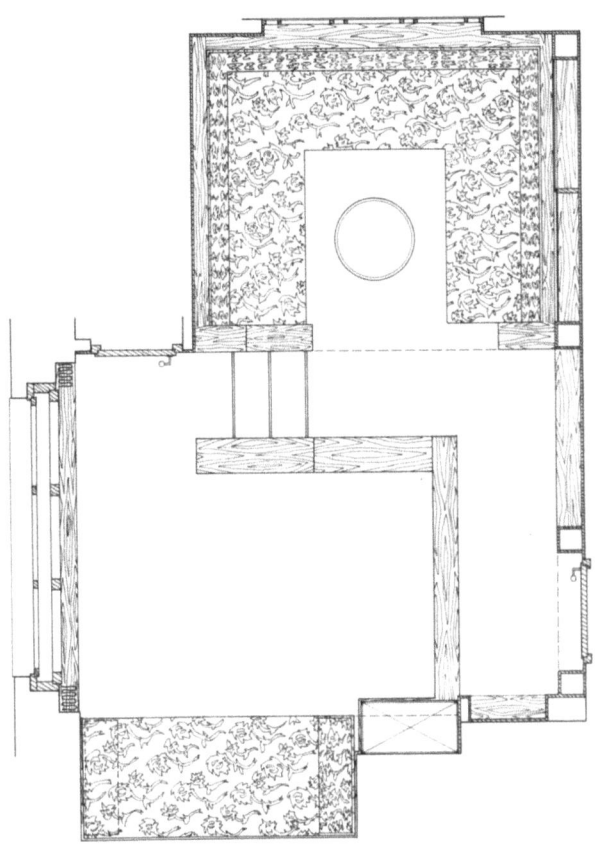

31 „Grundriß des Damenzimmers"

32 Damenzimmer, Blick zur Eckvitrine

33 Damenzimmer, Blick in die Sitznische

34 *Damenzimmer, Blick in die Sitznische*

35 Damenzimmer, Blick Richtung Vitrine

36 Herrenzimmer

Abb. 31 zeigt eine Darstellung des Grundrisses. Besonders ist die Lage der über Eck verspiegelten Vitrine: Für den aus der Halle eintretenden Besucher erscheinen hier – an einem an sich toten Punkt des Raumes – Spiegelbilder sowohl der Sitznische als auch des Fensters.
Die (Anfang der siebziger Jahre aufgenommenen) publizierten Farbfotos geben einen zu harmonischen Eindruck der Materialien: Der honiggelbe Stoff der Sitzbank ist späteren Datums, ursprünglich war die Bank mit einem „hellblauen Kreton mit roten Rosen" tapeziert. Die Kombination dieses Stoffs mit dem hellbraunen Zitronenholz muß einen eher dissonaten und weniger einschläfernden Eindruck gemacht haben als die spätere Ton-in-Ton-Lösung.
Farben und Materialien: „Zitronenholz, Vorhang gegen Halle gelb, Polsterung hellblauer Kreton mit roten Rosen." (1/616)
Beleuchtung: Hängezuglampe in der Sitznische, als Allgemeinbeleuchtung gemäß Robert Scheus Beschreibung ein „mächtiger Bergkristall (...), durch einen Kontakt von innen erleuchtet". (1/615)

Herrenzimmer (Abb. 36)
Man betritt den Raum „über drei Stufen, die vom zentralen ‚Impluvium' aus hinunterführen. Ein Unterzug aus Mahagoni teilt ihn in zwei Bereiche: den Sitzplatz am Kamin mit den beiden Ledersofas und den Arbeitsbereich mit Schreibtisch und einem niedrigen Wandverbau. Kamin, Sofas und Schreibtisch liegen symmetrisch auf einer Achse. Die Fläche über dem Kamin ist in neun quadratische Felder geteilt und verspiegelt.
Farben und Materialien: „Mahagoni, Kaminverkleidung mit Delfter Kacheln, in den flankierenden offenen Flächen bunte Fayencen (...), Ledertapezierung dunkelrot, wie Mahagoni." (1/616)
Beleuchtung: Kugelleuchte mit Messingfassung

Schlafgeschoß

Hier befinden sich das Elternschlafzimmer, die beiden Kinderzimmer und ein Bad auf einem Niveau. Das Gästezimmer und ein Dienerzimmer liegen zwei Stufen höher. Die Familienräume und das Gästezimmer werden vom zentralen ‚Impluvium' aus erschlossen, das Dienerzimmer – eigentlich ein kleines Appartement mit eigenem Bad, Toilette und Schrankraum – von der Nebentreppe aus.

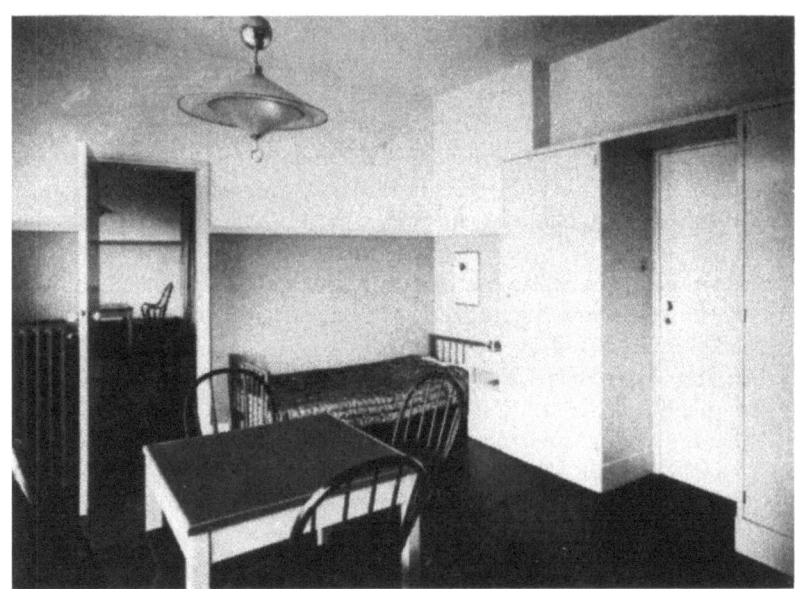

37 Kinderzimmer

38 Sommerspeisezimmer

Elternschlafzimmer
Das Zimmer liegt über der Wohnhalle in der Symmetrieachse des Hauses. Dem rund 25 qm großen Raum ist eine breite, 1,5 m tiefe Loggia vorgelagert. Links vom Schlafraum befindet sich die Herrengarderobe, rechts die Garderobe der Dame, von der aus eine Tür zum Kinderspielzimmer führt.
Über die ursprünglichen Farben und Materialien liegen keine Angaben vor.

Kinderzimmer (Abb. 37)
In seiner Beschreibung des Hauses sagt Frantisek Müller: „Kinderschlafzimmer: grüne Wandverkleidung mit gelbem Fries und Einbauschränken. Kinderspielzimmer: Gelb mit Grün und Blau. Beide Böden rotes Linoleum." (1/61) Robert Scheu berichtet: „in der Kinderstube, von deren postkutschengelbem Ölanstrich die leberblümchen-blauen Schränke sich anheimelnd abheben (. . .)." (1/615). Loos verwendete also in den Kinderzimmern alle drei Primärfarben großflächig nebeneinander.
Dem größeren der beiden Räume, der als Spielzimmer dient, ist ein Balkon vorgelagert; die Balkontüren entsprechen denen des Elternschlafzimmers. Vom kleineren Raum sind — in den Plänen von Karel Lhota — eine Waschnische und ein Schrankraum abgeteilt.

Bäder
Im gesamten Haus gibt es vier Toiletten (neben der Garage, bei der Garderobe im Parterre, beim Dienerzimmer und neben dem Gästezimmer), zwei Bäder (beim Elternschlafzimmer und beim Dienerzimmer) sowie die Waschnische im Kinderschlafzimmer.
Das große Bad neben dem Elternschlafzimmer ist weiß gefliest; neben der üblichen sanitären Einrichtung gibt es hier auch eine Liege und einen kleinen Tisch vor dem Fenster.

Terrassengeschoß

Das Terrassengeschoß kann entweder über die Nebentreppe oder mit dem Lift erreicht werden.
Frantisek Müller gibt eine sehr ausführliche Beschreibung des Sommerspeisezimmers (Abb. 38): „Gepreßte silberne Pflanzenfasertapete mit

smaragdgrüner Einfaßleiste, japanische Farbholzschnitte, Korbsessel mit weißen Polstern und rotbraunem Muster. Decke weiß, Boden rot." (1/616) Der Raum ist mit Loos' Entwurf für ein Speisezimmer bei der Kölner Internationalen Raumausstellung 1931 eng verwandt.
Die Terrasse selbst ist rund 145 qm groß. In ihrer hinteren Hälfte ist die Brüstungsmauer bis auf die Höhe des Hauptgesimses hochgezogen. Auf der Westseite bleibt die Mauer geschlossen; ostseitig, also Richtung Prager Altstadt, ist sie durch ein großes liegendes Fenster durchbrochen.

Baukörper und Fassaden

Die Baubeschreibung, die Robert Scheu 1931 für das *Prager Tagblatt* verfaßte, hält sich beim Äußeren des Hauses nicht lange auf: „An der Straße hinter Bubenitsch, dem Villenvorort von Prag, steht ein Haus von stattlicher Höhe. Die wenigen, regellos verteilten Fenster erscheinen kleiner, als sie in Wirklichkeit sind. Vor dem Eingang begrüßt uns zum erstenmal ein Hauch von Behagen. In gelbgesprenkeltem Stein ist eine Art Loggia ebenerdig eingefügt." (1/611) Fünf Zeilen über den offensichtlich wenig „behaglichen" Eindruck, den das Haus auf Scheu machte – und dann folgen fünf ganze Seiten über den Zauber der Innenräume.
Tatsächlich ist ein schärferer Kontrast kaum vorstellbar: die heterogene Struktur im Inneren, die Vielfalt der Farben und Materialien – und außen eine symmetrische, strenge Gestalt mit einheitlich weißem Putz. Bereits aus den ersten Entwurfsskizzen (Abb. A1) läßt sich erkennen, wie sehr diese beiden Gesichter des Hauses zusammengehören. Die rechteckige Figur des Grundrisses und die einfache, kubische Gestalt des Baukörpers bilden den Rahmen für das komplexe Spiel des Raumplans, eine selbst gezogene Grenze, ohne die dieses Spiel seinen Reiz verlieren würde.
Loos plant, wie er selbst sagt, „von innen nach außen", aber das Äußere ist bei ihm nie Abbild der inneren Struktur, es ‚ergibt' sich nicht, etwa im Sinn des Funktionalismus, sondern ist reine Form. Zwar erfahren besondere Räume auch eine besondere Ausbildung in der Fassade, etwa durch eine symmetrische Fensterfigur oder einen Erker. Die kom-

plizierte innere Ordnung aber wird insgesamt eher verschleiert als nach außen hin dargestellt.
Allen Entwürfen von Loos ist dabei eines gemeinsam: die Suche nach einer einprägsamen Gestalt. Zu diesem Zweck bedient der Architekt sich unterschiedlicher Mittel, auf die im folgenden kurz eingegangen werden soll.
Das Mittel, das sich in die zeitgenössischen Tendenzen der frühen Moderne am leichtesten einordnen läßt, ist die Verwendung einfachster stereometrischer Körper, etwa bei der Villa Karma, beim Entwurf für die Gruppe von 20 Villen mit Dachgärten oder beim Haus für Josephine Baker in Paris.
In anderen Fällen ist der Baukörper nicht mehr ausschließlich ‚reine' Geometrie, sondern läßt bereits eine bestimmte hermeneutische Deutung zu: Beim Haus Scheu ist die Abtreppung mehr als nur ein Spiel geometrischer Körper, sie vermittelt gleichzeitig etwa vom Symbolwert des Begriffs ‚Treppe'. Die Fassade des Hauses für Helene Horner – an sich ein Kubus mit aufgesetzter Tonne – läßt sich durch die beiden ovalen Giebelfenster klar als Gesicht deuten. Das gleiche gilt auch für die völlig symmetrische Straßenfassade des Hauses Moller (Wien 1927). Loos selbst bemerkt zu diesem Thema: „Der Architekt muß den Geist dessen ausdrücken, was er zu bauen hat. Das Zimmer muß gemütlich, das Haus wohnlich aussehen. Das Justizgebäude muß dem heimlichen Laster wie eine drohende Gebärde erscheinen. Das Bankhaus muß sagen: hier ist dein Geld bei ehrlichen Leuten fest und gut verwahrt. Wenn wir im Walde einen Hügel finden, sechs Schuh lang und drei Schuh breit, mit der Schaufel pyramidenförmig aufgerichtet, werden wir ernst und es sagt etwas in uns: hier liegt jemand begraben. Das ist Architektur." (3/18)
Symmetrie ist ein weiteres Gliederungsmittel, das Loos in allen seinen Entwürfen in irgendeiner Form verwendet. Beim Haus Tristan Tzara oder beim Haus Moller ist sie das Gestaltungsprinzip der Straßenfassade, aber auch in einem so dynamischen Entwurf wie dem für das Haus Moissi tauchen mehrmals symmetrische Motive auf.
Bewußt ignorant gegenüber den Ideen der Moderne erscheint Loos aber überall dort, wo er auf konventionelle oder traditionelle Zeichen zurückgreift; das berühmteste Beispiel dafür ist wohl das Säulenhochhaus für die Chicago Tribune, aber auch in manchen Villenentwürfen findet sich noch in den zwanziger Jahren die dorische Säule als Gestaltungselement. Darüber hinaus hält Loos auch bei ansonsten eher radi-

39 Haus Müller, Südostansicht

40 *Haus Müller, Nordostansicht*

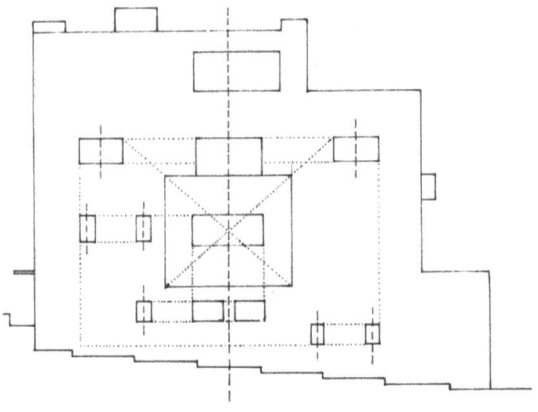

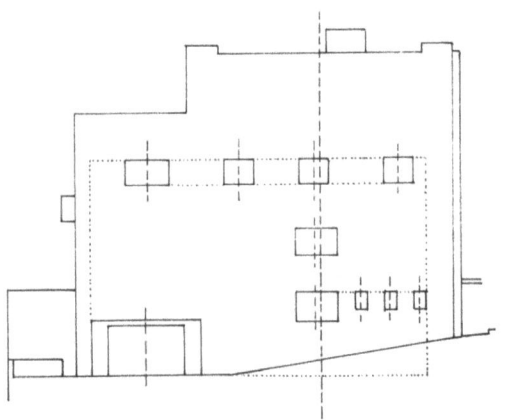

41 Fassadenanalyse

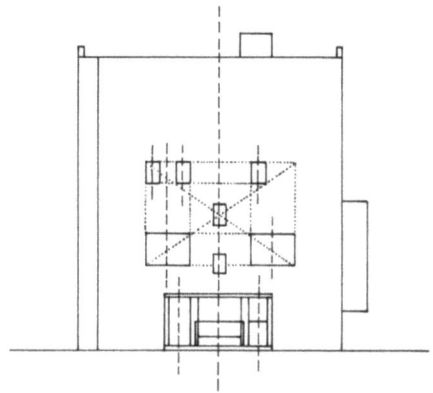

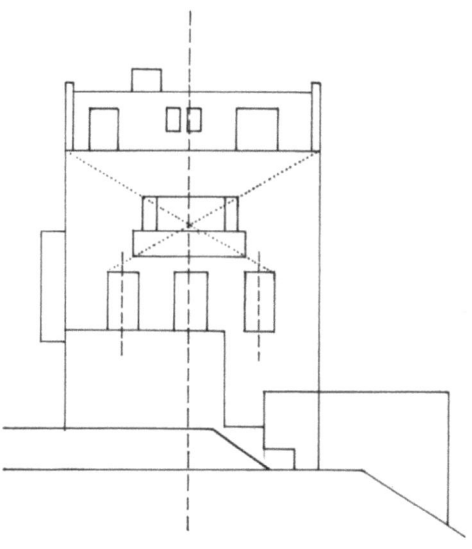

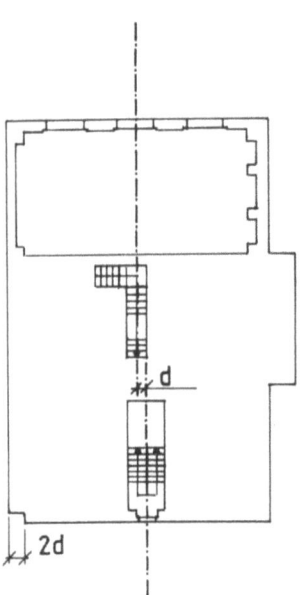

42 Grundrißdarstellung mit Achsensprung

kalen Umbauten (Haus Strasser, Haus Mandl, Haus Duschnitz) und bei einigen Siedlungshausentwürfen an konventionellen Formen fest.
Beim Haus Müller greift Loos praktisch auf alle diese Gestaltungsmittel zurück. Abb. 39 und 40 zeigten die bauplastische Durchbildung, die auf der Kombination einfacher stereometrischer Körper beruht. An den Hauptbaukörper mit der Dachterrasse ist ostseitig der Erker des Speisezimmers angefügt. Die Terrasse vor der Wohnhalle bildet eine weitere Abtreppung nach Norden. Sie ist nicht über die volle Breite der Fassade gezogen, und zwischen ihr und dem Wendeplatz vor der Garage bleibt Raum für eine zweiläufige Außentreppe. Der Balkon des Elternschlafzimmers gibt der Nordfassade eine sehr sparsame, aber wirkungsvolle Gliederung.
Die in Abb. 41 dargestellte Proportionsanalyse der Fassaden von Boris Podrecca zeigt, daß die Verteilung der Fenster durchaus nicht so regellos ist, wie Robert Scheu in seiner Beschreibung vermutet. Die Hauptfassade zur Stresovicka-Straße ist streng symmetrisch und erscheint, da das zurückgesetzte Terrassengeschoß von hier aus nicht zu sehen ist, annähernd quadratisch. An der Ostseite wird das Erscheinungsbild von der Abtreppung des Baukörpers dominiert, aber auch hier liegen Erker und Hauptfenster symmetrisch in der Fassadenmitte. Die Westfassade besitzt dagegen eine sehr deutliche Symmetrieachse, die durch zwei Attikaaufbauten verstärkt wird.
Die Fassade der Eingangsseite ist im ersten Entwurf (Abb. A1) noch streng symmetrisch gegliedert mit einem über zwei Geschosse reichende Fenster, das an das Haus Tristan Tzara erinnert. Im ausgeführten Projekt ist diese Symmetrie nur im unteren Teil der Fassade durchgehalten, und das Fehlen des zweigeschossigen Fensters läßt hier nichts von der noblen Erscheinung spürbar werden, die für die Nordfassade charakteristisch ist.
Um die Eingangsfassade überhaupt symmetrisch gliedern zu können, wandte Loos einen erstaunlichen Kunstgriff an. Entscheidend für die Lage der Symmetrieachse in der Fassade ist nämlich die Nebentreppe, die an den Zwischenpodesten durch zwei kleine Fenster belichtet wird. Diese Treppe ist zweiläufig, und einer der beiden Läufe muß genau in der Achse des Baukörpers liegen, um den Übergang zur Haupttreppe zu bewerkstelligen. Werden nun die Fenster der Nebentreppe in die Mitte der Zwischenpodeste gelegt, so verschieben sie sich um eine halbe Treppenbreite aus der Symmetrieachse des Gesamtbaukörpers. Loos mußte daher die Eingangsfassade um das doppelte Maß dieser Ab-

weichung schmaler machen, und er klinkte dazu den Baukörper einfach an der linken Ecke um dieses Stück aus (Abb. 42).
Auf das Verhältnis zwischen ‚Wahrheit' und ‚Erscheinung' im Werk von Loos und auf die Position, die er zu dieser Frage einnimmt, wird im zweiten Teil dieser Arbeit eingegangen. (Wer sich für die Abgründe interessiert, die hinter der Südwestecke des Hauses Müller lauern, lese Jan Turnovsky Buch *Die Poetik eines Mauervorsprungs* (Bauwelt Fundamente, Bd. 77). Vorerst ein Zitat aus dem Vortrag, den Loos im Dezember 1911 über sein Haus am Michaelerplatz hielt, mit einer ganz pragmatischen Erklärung:
„Die zweite Funktion der Bow-Windows ist aber eine ästhetische. Ich habe am Kohlmarkt nur zwei Fensteraxen, zwei Öffnungen, die der leichteren Vermietbarkeit für Wiener Verhältnisse entsprechen. Oben habe ich drei Fensteraxen, drei Fenster, die wieder der Zimmerteilung entsprechen mußten. Und nun tat ich etwas, auf dessen Lösung ich mit Recht stolz bin: Die Fensteraxen des Parterres und Mezzanins entsprechen nicht denen der Wohnstockwerke. Wohnhaus und Geschäftshaus sollten schon durch Material und Ausbildung streng getrennt werden. Die Nichtübereinstimmung der Axen unterstützt dieses Bestreben. Nun galt es dieses Wagnis ästhetisch zu lösen.
Es gibt eine Anekdote von Bruckner, in der er seinen Schülern der Harmonielehre folgendes zuruft: ‚Und nun komme ich zu dem größten Fehler, der in der Musik gemacht werden kann. Er ist der und der. Daß mir den niemand macht. Es ist das Schrecklichste. Dieser Fehler kommt in der ganzen Musikgeschichte nur zweimal vor, in der soundsovielten Beethovensonate und in meiner zweiten Symphonie.'
So ist es auch hier. Wer diesen Fehler so lösen kann, wie in diesem Falle, so daß er auf den naiven, nicht übelwollenden Betrachter nicht unästhetisch wirkt, soll ihn nur machen." (5/7)

Resultate

Das Wesen einer Analyse besteht darin, einen Gegenstand in seine Elemente zu zerlegen und seine Bildungsgesetze zu untersuchen. Das Haus Müller läßt sich mit dieser aus den Naturwissenschaften kommenden Methode sehr gut beschreiben: Es besteht aus klar voneinander abgegrenzten Einzelräumen, die wiederum durch klar nachvollziehbare Regeln zu einem Ganzen verbunden sind. Die Erarbeitung von Regeln

anstelle einer großen, konsistenten Theorie des Entwerfens ist ein besonderes Merkmal der gesamten theoretischen Arbeit von Loos. Abschließend seien daher die Regeln, die dem Entwurf des Hauses Müller zugrunde liegen, allgemein zusammengefaßt:
Jede räumliche Einheit wird entsprechend ihren Anforderungen als unabhängiges Element entwickelt. Ihre Gestaltung steht dabei nicht notwendigerweise im Zusammenhang mit dem Gesamtentwurf.
Die einzelnen räumlichen Einheiten werden durch ein System von Verkehrswegen so miteinander verbunden, daß die wechselseitige Ergänzung von Wegen und Plätzen eine *abgeschlossene Ganzheit* ergibt – *das Erlebnis im Kopf eines Betrachters, der sich durch das Haus bewegt.* (Das ist sicher einer der Gründe dafür, daß Loos seine Häuser auch stets als unphotographierbar bezeichnet.)
Die Zuordnung der einzelnen Räume erfolgt aufgrund der funktionellen Erfordernisse und der Ökonomie des täglichen Lebens; sie soll aber gleichzeitig diese Funktionen bereichern. *In seiner Gesamtheit ist das Spiel von Wegen und Plätzen im Haus Inszenierung und Interpretation des Lebens seiner Bewohner.*
Die äußere Gestalt des Hauses ist der Rahmen für das komplexe Spiel des Raumplans. Die Form des Hauses sagt über sein Innenleben nicht mehr aus, als ein Schachbrett über die unendliche Vielfalt der möglichen Züge verrät. Das Innere des Hauses ist speziell und persönlich, das Äußere nicht mehr als eine allgemeine Aussage in einer einprägsamen, aber unaufdringlichen Gestalt.
In diesen Regeln fehlt der Begriff der Konstruktion. Loos war zwar überzeugt, daß technische Neuerungen die Architektur verändern. Aber die Konstruktion war für ihn – wohl auch in Zusammenhang mit Sempers Bekleidungstheorie – in der Gestaltfindung zweitrangig: eine „Architektur des Holzzementdachs" hat Loos nie gefordert. Sein Ausgangspunkt war der Mensch „mit den modernen Nerven", und letztlich das Leben dieses Menschen, wie es seinen baulichen Ausdruck findet. Diese grundsätzliche Position macht es auch verständlich, daß die Hauptbegriffe, aus denen die Regeln gebildet sind – wie Spiel, Inszenierung, Interpretation und Aussage –, aus der Literatur und dem Theater stammen.
Ich möchte diesen ersten Teil der Analyse mit einem Zitat aus Robert Musils *Mann ohne Eigenschaften* beschließen. Im Jahr seines Erscheinens, 1930, wurde auch das Haus Müller bezogen, und die Betonung dieser Gleichzeitigkeit ist mehr als bloße Zahlenspielerei: Roman und

Haus entstanden aus derselben Vorstellung von den Strömungen und Verwicklungen des Lebens.

Im ersten Kapitel des Romans beschreibt Musil den Ort der Handlung: „Wie alle großen Städte bestand sie aus Unregelmäßigkeit, Wechsel, Vorgleiten, Nichtschritthalten, Zusammenstößen von Dingen und Angelegenheiten, bodenlosen Punkten der Stille dazwischen, aus Bahnen und Ungebahntem, aus einem großen rhythmischen Schlag und der ewigen Verstimmung und Verschiebung aller Rhythmen gegeneinander, und glich im ganzen einer kochenden Blase, die in einem Gefäß ruht, das aus dem dauerhaften Stoff von Häusern und Gesetzen, Verordnungen und geschichtlichen Überlieferungen besteht." (7/10) Eine bessere Beschreibung der Atmosphäre des Hauses Müller läßt sich kaum finden.

Zweiter Teil
Zum Begriff der Wahrheit in der frühen Moderne

Die verlorene Wahrheit:
der Historismus und seine Feinde

Das Jahr 1930 markiert den Abschluß der ersten, grundlegenden Entwicklungsphase der modernen Architektur. Zu diesem Zeitpunkt waren alle theoretischen Fundamente und formalen Muster ausgebildet, die zusammen den Stil der Moderne konstituierten. Zur gleichen Zeit erschienen die ersten kunstgeschichtlichen Abhandlungen, die sich rückblickend mit der Entwicklung dieses modernen Stils auseinandersetzten: Henry Russell-Hitchcocks *Modern Architecture* von 1929 und die Überlegungen zum Oeuvre complète Le Corbusiers, die Nikolaus Pevsner 1931 in Göttingen veröffentlichte und aus denen später sein berühmtes Buch *Pioneers of the Modern Movement* entstand.
In beiden Arbeiten sollte ein Stilbegriff im klassischen Sinn entwickelt werden. Die Autoren gehen dabei so vor, wie Kunstgeschichtler zu allen Zeiten einen Stil in die Welt gesetzt haben: Sie sondern die widersprüchlichen Strömungen nach bestimmten Kriterien aus, und was danach übrigbleibt, wird als konsistenter moderner Stil präsentiert. Bei Pevsner ist das der Stil von Walter Gropius aus den späten zwanziger Jahren, dessen nüchterne Sprache zum Maßstab erhoben wird. Corbusiers Werk ist ihm schon in der ersten Ausgabe seines Buches im Jahr 1936 einigermaßen suspekt (er bezeichnet ihn als „Raumjongleur"). In der dritten Auflage 1960, nach Ronchamp und Chandigarh, wirft er ihm gar den Versuch vor, „die Sehnsucht des Publikums nach Phantastik und Überraschung zu erfüllen und aus der Realität in eine Märchenwelt zu entfliehen". (2/214)
Was Pevsner bewegt, den einzigen, den wahren Stil der Moderne zu suchen, ist weit mehr als die wissenschaftliche Akribie des Kunsthistorikers; es hängt eng mit der besonderen Bedeutung des Begriffs ‚Wahrheit' in den Jahren nach 1900 zusammen. Die erste Generation der Moderne mit ihren sehr unterschiedlichen formalen Ausprägungen ist nur dann als geschlossene Front erkennbar, wenn man sie einem gemeinsa-

men Feind gegenüberstellt. Dieser Feind ist, allgemein gesprochen, der Historismus des 19. Jahrhunderts, und was man ihm vorzuwerfen hatte, war nichts weniger als moralische Verkommenheit und Verlogenheit. Voller Abscheu erzählt Pevsner von der Entstehungsgeschichte der neuen Londoner Regierungsgebäude in Whitehall, die von ihrem Architekten, Sir George Scott, ursprünglich in einem gotischen, „einige Anregungen aus Italien" verarbeitenden Stil geplant worden waren. Scott war jedoch nicht imstande, die Regierung von ihrer Vorliebe für die italienische Renaissance abzubringen, und änderte zuerst die Front in einen „byzantinischen Stil der frühen venezianischen Paläste (...) in leicht modernisierter, dem praktischen Zweck angepaßter Form". Auch diese Fassade wurde verworfen. Scott „kaufte einige teure Bücher über italienische Architektur und ging rüstig ans Werk, eine italienische Fassade von ‚wundervoll belebter Linie' zu entwerfen", wie Pevsner sarkastisch vermerkt (2/9)).

Der Angriff gegen „diesen völligen Mangel an Verständnis für die wesenhafte Einheit der Architektur" zieht sich als roter Faden durch die theoretischen Äußerungen der frühen Moderne. „Jede wirkliche tektonische Bauform hat einen absoluten Kern, dem der in gewissen Grenzen wandelbare dekorative Schmuck wechselnden Reiz verleiht. Zunächst aber muß das Absolute gefunden werden", schreibt Hans Poelzig 1906 (8/12). Frank Lloyd Wright spricht 1910 vom modernen Gebäude als „organischem Wesen, im Gegensatz zu jener früheren unvernünftigen Anhäufung von Teilen". (8/22) Diese an sich formalen Ziele sind von Anfang an mit moralischen Aspekten verknüpft. Der Historismus ist für Hermann Muthesius „Zeugnis für den Tiefstand unseres Formgefühls und damit unserer künstlerischen Kultur überhaupt" (8/23); das Loos-Haus am Michaelerplatz wurde als „schreiender Protest gegen die herrschende architektonische Unzucht und Verlogenheit" bezeichnet, und Le Corbusier formuliert apodiktisch: „‚Stile' sind Lügen." (8/57)

Diese Forderung nach Wahrheit, nach Ehrlichkeit, nach dem ‚Absoluten' ist die gemeinsame Wurzel aller modernen Architekturströmungen zu Anfang unseres Jahrhunderts. 30 Jahre später versucht Nikolaus Pevsner in seinen *Pioneers*, Bilanz zu ziehen: Wo ist nun, nach so vielen Jahren der Auseinandersetzung, der wahre, der einzige Stil der Moderne? Heute, wiederum ein halbes Jahrhundert später, im ‚fröhlichen Chaos der Postmoderne', erscheint diese Fragestellung einigermaßen absurd. Indem Pevsner die Suche nach dem Absoluten auf sein eigenes

Gebiet, die Kunstgeschichte, überträgt, und zuletzt gar einen bestimmten Stil, den von Walter Gropius und dem Bauhaus, zum wahren Stil erklärt, läßt er sich die im Grunde viel aufschlußreichere Fragestellung entgehen: Welche Vorstellung von der ‚Wahrheit' hatten die einzelnen Vertreter der ersten Generation der Moderne, und wie wirkte sich diese Vorstellung auf ihre Arbeit aus? Das ist die Frage, um die es im folgenden gehen soll.

Das Bauhaus oder die naturwissenschaftliche Wahrheit

Beginnen wir unsere Untersuchungen mit Walter Gropius und dem Bauhaus. Dazu ist vorerst ein kleiner geschichtlicher Exkurs notwendig: Das Staatliche Bauhaus in Weimar ging aus den Großherzoglichen Schulen für bildende Kunst und Kunstgewerbe hervor. Die Umbenennung erfolgte 1919 mit Walter Gropius' Amtsübernahme, der Henry Van de Velde als Direktor ablöste. Van de Velde war Gründungsmitglied des Deutschen Werkbunds; Gropius selbst weist auf die Bedeutung der Werkbund-Ideen für das Bauhaus hin. Die Ziele des Bauhauses gingen jedoch über die moderaten Bemühungen des Werkbunds zur Hebung „des Formgefühls und der künstlerischen Kultur überhaupt" weit hinaus. Gropius schreibt im Programm von 1919: „Wollen, erdenken, erschaffen wir gemeinsam den neuen Bau der Zukunft, der alles in einer Gestalt sein wird: Architektur und Plastik und Malerei, der aus Millionen Händen der Handwerker einst gen Himmel steigen wird als kristallenes Sinnbild eines neuen kommenden Glaubens." (8/47) Hier ist das Absolute nicht mehr ein ästhetischer Begriff, wie bei Poelzig, sondern bereits ein metaphysischer.

Ein grundlegendes Problem, das schon den Werkbund zu spalten drohte, taucht im Bauhaus von neuem auf. In der berühmten Werkbund-Kontroverse zwischen Henry Van de Velde und Hermann Muthesius von 1914 trafen zwei entgegengesetzte Positionen zum Architekturschaffen aufeinander: auf der einen Seite der individualistisch-künstlerische Anspruch, wie ihn Van de Velde postuliert, und auf der anderen Seite die von Muthesius geforderte Suche nach einer Formensprache, die den Bedürfnissen der Massenproduktion in einer hochentwickelten Industriegesellschaft Rechnung trägt. Im Bauhaus kulminiert dieser Konflikt 1923 mit der Entlassung von Johannes Itten und der Berufung Laszlo Moholy-Nagys, der wenig später den von Itten eingerichteten

Vorkurs übernimmt. Danach gewann die Ausrichtung auf eine wissenschaftlich-objektiv und nicht ästhetisch-subjektiv ausgerichtete Lehre immer mehr die Oberhand. (9/35) Der Leiter der 1927 eingerichteten Architekturabteilung und spätere Direktor des Bauhauses, Hannes Meyer, faßt diese Position in seiner Antrittsvorlesung zusammen: „alle dinge dieser welt sind ein produkt der formel (funktion mal ökonomie) (...) wir untersuchen den ablauf des tageslebens jedes bewohners (...) wir erforschen die beziehungen des hauses und seiner insassen zum fremden: postbote, besucher, nachbar, einbrecher (...) wir ermitteln die jahresschwankungen der bodentemperatur und berechnen danach den wärmeverlust der fußböden und die tiefe der fundamentsohlen (...) wir kennen die atavistischen neigungen der künftigen bewohner zu unseren bauhölzern und wählen je nachdem als innenverkleidung die flammige kiefer, die straffe pappel oder den seidigen ahorn (...) die farbe ist uns nur mittel der bewußten seelischen einwirkung". (8/111) Konsequenterweise ist der Entwurf eines Hauses für Hannes Meyer nicht mehr das Werk eines einzelnen Baukünstlers: „das neue haus ist ein industrieprodukt und als solches ein werk der spezialisten: volkswirte, statistiker, hygieniker, klimatologen, betriebswissenschaftler, normengelehrte, wärmetechniker ... der architekt? ... war künstler und wird ein spezialist der organisation!" Und abschließend stellt Meyer fest: „bauen ist nur organisation: soziale, technische, ökonomische organisation." Diese Position ist alles andere als trivialfunktionalistisch. Die Grundlage der Architektur ist für Meyer immerhin das „Leben des modernen Menschen", wie es sich einer naturwissenschaftlichen Analyse erschließt.

Damit sind wir wieder bei Nikolaus Pevsner und unserem Hauptthema, dem Wahrheitsbegriff. Denn in dieser Objektivierung des Bauens mit den Mitteln der Wissenschaft und der Technik sieht Pevsner die überragende Bedeutung der Architektur von Gropius und dem Bauhaus. Er spricht zwar auch von der „Beherrschung des Materials" und von der „Verherrlichung" einer Welt „der Eile und der Gefahr, der harten Kämpfe ohne persönliche Sicherheit". In erster Linie aber bewundert er an Gropius „den Glauben an Wissenschaft und Technologie, an Soziologie und rationale Planung". (2/214) Hier findet er seine Forderung nach Wahrheit eingelöst – und zwar im naturwissenschaftlichen Sinn der Beweisbarkeit.

Im Unterschied zu Pevsner hat Hannes Meyer diesen Gedanken zu Ende gedacht und kurzerhand den Beruf des Architekten im klassischen Sinn ausgelöscht: Durfte dieser sich einmal als Formgeber verstehen, so ist er nun nicht einmal mehr ‚Formfinder', sondern nur noch Organisator bei der Lösung eines architektonischen Problems. Die gesamte technische Leitung und formale Kompetenz ist auf wissenschaftlich ausgebildete Experten übergegangen. Formen sind nur noch Nebenprodukte bei der Suche nach der objektiv richtigen Lösung eines klar formulierten architektonischen Problems.

Die Wiederentdeckung des Chaos

Bevor wir uns den anderen Auffassungen von Wahrheit in der Theorie der Moderne zuwenden, noch etwas über die weitere Geschichte des Wahrheitsbegriffes, wie ihn Gropius und Meyer verstanden: Es ist dies die Geschichte vom Glück und Ende des Funktionalismus. Sie ist natürlich schon oft erzählt worden, aber aus dem Blickwinkel des Wahrheitsproblems gewinnt sie stellenweise neue Konturen.
Die Theorie des Funktionalismus hat, wenn auch in einer wesentlich abgeschwächten und milderen Form als bei Hannes Meyer, die internationale Architekturentwicklung bis etwa 1970 beherrscht. Das ist insofern erstaunlich, als sie von Anfang an starker Kritik ausgesetzt war und ihre selbstgesteckten Ziele eigentlich nie erreichen konnte. Der Grund für diese erstaunliche Langlebigkeit liegt zum Teil darin, daß die Theorie des Funktionalismus bequem war, sowohl für den Architekten als auch für den Bauherrn. Vor allem war diese Theorie fast beliebig erweiterbar: Jeder Kritik konnte damit begegnet werden, daß man eben noch nicht genug geforscht hätte, daß die Planungsgrundlagen immer noch mangelhaft wären, und so kamen zu den Spezialisten, die Hannes Meyer 1930 erwähnte, im Lauf der Jahre der Psychologe, der Soziologe und der Kybernetiker, und Ende der sechziger Jahre schien man mit der Einrichtung von interdisziplinären Büros, in denen die Vertreter aller nur denkbaren Disziplinen nebeneinander arbeiten sollten, dem ursprünglichen Ziel sehr nahe gekommen zu sein.
Schon wenig später aber – Anfang der siebziger Jahre – brach die Theorie des Funktionalismus in sich zusammen. Die Unterhöhlung ihrer Fundamente hatte schon Ende der fünfziger Jahre begonnen, und der Ölschock des Jahres 1973 versetzte ihren kühnen Utopien, die den Funktionalismus bis zuletzt lebendig und fruchtbar hatten erscheinen lassen, den Todesstoß. Es war dies gleichzeitig das Ende einer allgemei-

nen Methodeneuphorie: Noch 1970 hatte man ja eine „Feinabstimmung der Konjunktur" durchaus für machbar gehalten.
Der Funktionalismus fand ein so plötzliches und angesichts des Großteils seiner praktischen Ergebnisse so verdientes Ende, daß man sich mit den theoretischen Hintergründen seines Scheiterns bis heute kaum auseinandergesetzt hat. Eine solche Untersuchung müßte bei der Frage des Determinismus ansetzen: ‚Rationales Planen' ist nur dann möglich, wenn es sich in einem deterministischen System abspielt. Derartige Systeme sind dadurch charakterisiert, daß ein kleiner Fehler am Beginn eines Prozesses auch nur eine kleine Abweichung im Ergebnis hervorruft. In einem indeterministischen System kann dagegen selbst ein beliebig kleiner Fehler am Beginn das Resultat völlig unvorhersehbar machen. In der funktionalistischen Theorie, wie Hannes Meyer sie formuliert hat, bleibt dieses Problem völlig unberücksichtigt. Er kombiniert verschiedene wissenschaftliche Systeme zu einem Gesamtsystem des ‚Bauens' und geht von vornherein davon aus, daß dieses deterministisch sei.
Meyer wendet damit unbewußt ein Denkmodell des 18. Jahrhunderts an, in dem der französische Mathematiker Simon de Laplace behauptete, er könne bei Kenntnis der Orte und Geschwindigkeiten aller Teilchen im Universum für alle Zeiten die Zukunft voraussagen. Zum Anfang des 20. Jahrhunderts war diese Theorie, die das 19. Jahrhundert dominierte und durch die Erfolge der Ingenieurwissenschaften bestätigt zu werden schien, bereits heftig umstritten. Henri Poincaré stellte 1903 die Hypothese auf, daß es chaotische Systeme gebe, in denen Vorhersagen – auch bei fast vollständiger Kenntnis des Systems – nicht mehr möglich seien. Diese Vermutung wurde inzwischen bestätigt, und ihr Einfluß auf die wissenschaftliche Methode ist nicht abzusehen. Die Wiederentdeckung des Chaos stellt nämlich nicht zuletzt den reduktionistischen Standpunkt in Frage, demzufolge man jedes System verstehen könne, indem man es zerlegt und die einzelnen Teile studiert. (10/80) Auch im Chaos lassen sich jedoch statistische und geometrische Strukturen erkennen, die eine Ordnung völlig anderer Art abbilden, als sie uns aus dem Zusammenspiel der Teile einer Maschine geläufig ist. Man darf daher vermuten, daß aus der Untersuchung des Chaotischen Formen auf einer neuen Ebene der Freiheit entspringen können.
Diese Neubewertung des Chaos ist nicht auf die Naturwissenschaften beschränkt. Der Philosoph Jean Baudrillard bezeichnet die „geordnete und überdeterminierte Welt", aus der alle verführerischen Verkettungen

den rationalen gewichen seien, als ein „katastrophales Unternehmen, an dem wir beteiligt sind: jede Fatalität in Kausalität und Wahrscheinlichkeit auflösen – das ist wirkliche Entropie". (19/186) Der Rationalität weist Baudrillard eine auf den ersten Blick völlig paradoxe Aufgabe zu: „Die Arbeit der Vernunft besteht auf keinen Fall darin, Ketten, Verbindungen und Sinn zu erfinden; davon gibt es bereits genug – es geht vielmehr darum, Neutren und Indifferentes zu produzieren und Konstellationen und untrennbare Konfigurationen zu entmagnetisieren, um daraus frei bewegliche Elemente zu machen, die dann ihre Ursache finden oder zufällig umherirren müssen." (19/186)
Ähnliche Überlegungen sind die Grundlage für die jüngsten Arbeiten des japanischen Architekten Kazuo Shinohara (Abb. 43). In seinem Artikel „In Vorbereitung auf den vierten Raum" spricht er von der Kraft der „progressiven Anarchie" Tokios, die man als Chaos verdammen könne. Dennoch verdiene „eine Kultur, die zu einer solchen Stufe fortgeschritten ist, eine glückliche Entfaltung" (17/12). Architektur und Städtebau müßten diese Anarchie als positiv akzeptieren: „Für irgendein System mag gelten – sei es ein Computer oder ein biologisches System: Falls es keine Fähigkeiten hat, zufällige Ressourcen aufzunehmen, kann durch dieses System nichts Neues entstehen. Ich glaube, daß diese Aussage auch für ‚Zufälligkeit' oder ‚Lärm' als architektonisches Entwurfsthema gelten kann." (17/63)
Die Idee eines deterministischen Gesamtsystems des „Bauens", wie sie Hannes Meyer vorschwebte, hat damit endgültig ihre Grundlage verloren. Der Funktionalismus, der „Wahrheit" durch wissenschaftliche Beweisführung zu finden hoffte, war schon im Ansatz zum Scheitern verurteilt: „Architektur" ist nicht als „Problem" in einem naturwissenschaftlichen Sinne zu formulieren.

Le Corbusier oder die Freude an der Kraft

Der zweite Held unserer Betrachtungen, Le Corbusier, hat mit dem Bauhaus zumindest eines gemeinsam: die Begeisterung für die Maschine. „Ein großes Zeitalter ist angebrochen. Ein neuer Geist ist in der Welt", schreibt er 1920 unter dem Titel „Die Ozeandampfer". Dieser Text aus *Vers un Architecture* ist mehr Gedicht als Analyse, aber gerade hier findet sich die entscheidende Frage, deren Vernachlässigung für den Funktionalismus so fatal war: „Das Flugzeug ist ein Auslese-

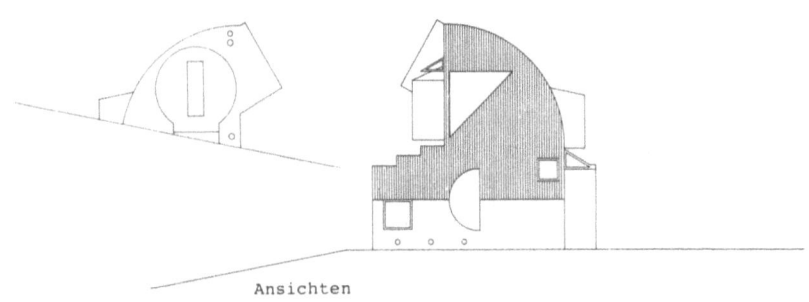

Ansichten

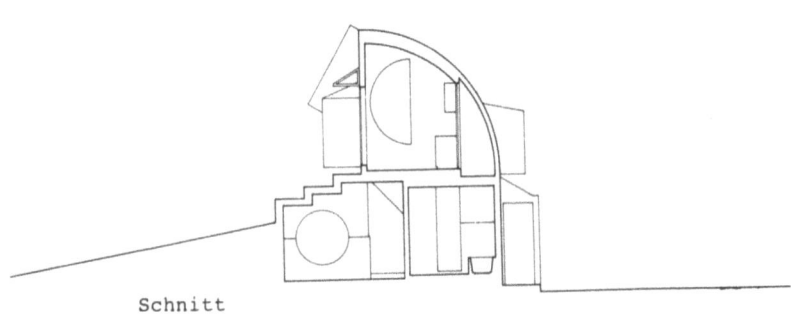

Schnitt

43 Kazuo Shinohara, Haus in Yokohama, 1984

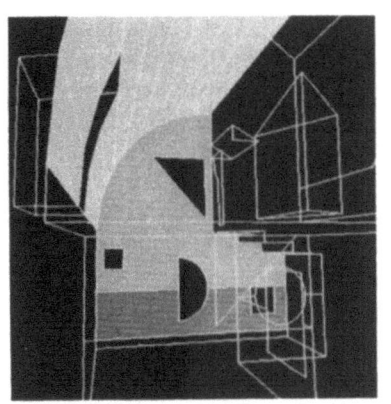

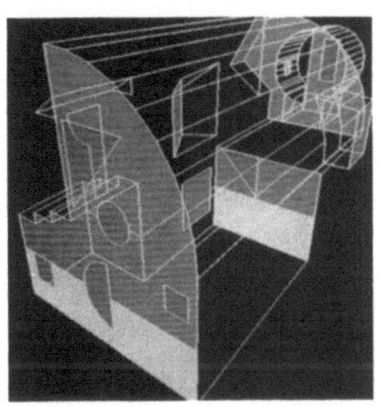

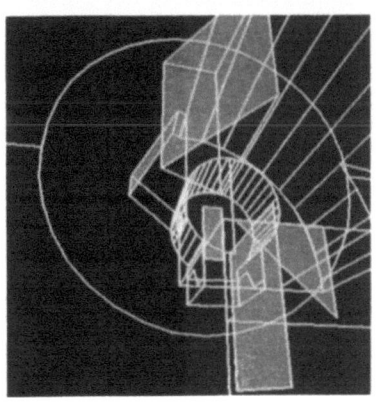

produkt von hoher Qualität. Die Lehre, die uns das Flugzeug erteilt, liegt in der Logik, welche Problemstellung und Verwirklichung diktierte." Soweit decken sich Le Corbusiers Überlegungen mit denen des Bauhauses. Aber dann heißt es weiter: „Das Problem des Hauses ist noch nicht gestellt worden." (8/57)

Le Corbusiers frühe Versuche zu diesem Problem – schon 1915 entstand sein Projekt des Maison Dom-ino – stimmen weitgehend mit denen des Bauhauses überein. Aber schon bald wendet er sich vom Funktionalismus ab: Statt die Lösungsbasis zu verbreitern, sucht er das „Problem des Hauses" immer neu zu formulieren. Seine Regelsysteme, etwa die „Die fünf Punkte zu einer neuen Architektur" oder die Forderungen aus *Vers un Architecture* sind einfach und brauchen vor allem keine wissenschaftliche Untermauerung. Le Corbusier kann diesen Regeln dadurch sein Leben lang treu bleiben: sie sind im Dom-ino Haus, in der Villa Savoye oder im Völkerbund-Entwurf genauso spürbar wie in seinen späten Arbeiten, dem Haus Jaoul, dem Kloster La Tourette und – mit Einschränkungen – sogar in der Ronchamp-Kapelle.

Wenn wir also nach dem Begriff der Wahrheit bei Le Corbusier fragen, so müssen wir uns etwas mit diesen Regeln und ihrer Bedeutung auseinandersetzen. Ich beziehe mich dabei vor allem auf drei Quellen: Die Leitsätze zu *Vers un Architecture*, die *Leitsätze des Städtebaus* und den *Modulor*.

In den Leitsätzen zu *Vers un Architecture* aus dem Jahr 1920 schreibt Le Corbusier über das Verhältnis von Ingenieur-Ästhetik und Baukunst: „Der Ingenieur, beraten durch das Gesetz der Sparsamkeit und geleitet durch Berechnungen, versetzt uns in Harmonie. Der Architekt verwirklicht durch seine Handhabung der Formen eine Ordnung, die reine Schöpfung seines Geistes ist: (. . .) Die Zusammenhänge, die er herstellt, rufen in uns tiefen Widerhall hervor, er zeigt uns den Maßstab für eine Ordnung, die man als im Einklang mit der Weltordnung empfindet." (8/56)

Wie aber sieht in den zwanziger Jahren unseres Jahrhunderts diese Welt aus, in der dem Architekten die Aufgabe zukommt, Zusammenhänge herzustellen und eine Ordnung zu finden? 1924 schreibt Le Corbusier in den *Leitsätzen des Städtebaus*: „Man ist erschlagen, die Begeisterung will uns mitreißen (. . .). Nicht jene Begeisterung, unter den Strahlen der Bogenlampen die blitzenden Karosserien leuchten zu sehen. Nein, die Freude an der Kraft. Reine und kindliche Freude, im Mittelpunkt der Kraft und der Macht zu weilen." Und weiter: „Man hat teil an die-

ser Macht. (...) Man faßt Vertrauen zu dieser neuen Gesellschaft: sie wird den großartigen Ausdruck für ihre Kraft finden. Man glaubt an sie." (8/86) Wer aber öffnet der blinden Menschheit die „Augen, die nicht sehen", wie Le Corbusier ein Kapitel von *Vers un Architecture* überschreibt?
Die Antwort gibt Le Corbusier in der Einleitung zum *Modulor*: „Es ist notwendig, daß eine Entdeckung sich des Kopfes, des Auges, der Hand eines Menschen bedient." (11/25) Dieser Satz klingt für sich genommen bescheiden; aber ganz am Ende seines Buches gibt Le Corbusier dem Leser einen Hinweis: „HIER spielen die GÖTTER! ich schaue zu und halte mich weislich außerhalb dieses Lustgartens!" (11/238) Hier definiert Monsieur Jeanneret seine Stellung: Er selbst verweilt zwar außerhalb des Gartens der Erkenntnis, aber in der Figur Le Corbusier offenbart sich der Weltgeist – völlig eins mit dem „Leben", absolut und wahr.
Es ist bekannt, daß Le Corbusier schon früh Nietzsche gelesen hat (12/249); man darf dort sicherlich manche seiner ideologischen Wurzeln vermuten. Vittorio Magnago Lampugnani weist in einem Aufsatz aus dem Jahr 1984 (12/250)) darauf hin, daß Le Corbusier sein Leben lang von der Vorstellung eines großen, humanistisch-autoritären Bauherrn besessen war. Es verwundert angesichts der gemeinsamen Heredität mancher seiner Ideen mit denen des Faschismus nicht, daß er diesen Bauherrn im Vichy-Regime gefunden zu haben glaubte. „Von 1939 an", berichtet Lampugnani, „hatte er die erlösenden Kräfte des Kriegs und die mit ‚unbeschränkter Macht' ausgestattete ‚Führungselite' gepriesen; nun verbrachte er lange Monate in den Vorzimmern des Regimes der Kollaboration." Schon zuvor hatte Le Corbusier nach einer Vortragsreise in Italien Kontakt zu Mussolini aufzunehmen versucht. (Fairerweise muß man hier auch seine schlechten Erfahrungen beim Wettbewerb für den Völkerbundpalast erwähnen.)
Wer sich, wie Le Corbusier, im Besitz des absoluten Geistes seiner Zeit zu befinden glaubt, für den stellt sich die Frage nach einer Rechtfertigung nicht mehr. Der Humanismus, der alle seine Überlegungen zur Stadt und zum Wohnbau prägt, ist durch und durch undemokratisch. Wenn Le Corbusier vom Menschen spricht, so meint er stets dessen ‚absolute' Natur oder die Leistung des Kollektivs: „Es schlägt eine Stunde, in der eine Kollektivleidenschaft ein Zeitalter zur Aufwallung bringt (so der Pangermanismus von 1900 bis 1920 oder die Nächstenliebe der ersten Christen usw.) (...) Heute heißt diese Leidenschaft:

Exaktheit. Eine sehr weit getriebene und zum Ideal erhobene Exaktheit: Streben nach Vervollkommnung." (8/85) Der einzelne „große" Mensch ist aber mehr als nur Sprachrohr dieser kollektiven Leidenschaft. Er erst gibt ihnen Konkretheit und öffnet die „Augen, die nicht sehen", für die evidenten Lösungen der Zeitprobleme: „So ist der Schlüssel für die Wiederherstellung des heute gestörten Gleichgewichts ein Bauproblem: Baukunst oder Revolution." (8/59)
Vor diesem Hintergrund wird auch das zwiespältige und sicherlich einseitige Verhältnis zwischen Le Corbusier und Adolf Loos leichter verständlich. Le Corbusier begegnete Loos stets mit einer gewissen Achtung: „Loos fegte unter unseren Füßen, es war eine homerische Säuberung – genau, philosophisch und logisch. Dadurch hat Loos unser architektonisches Schicksal beeinflußt." (1/287) 1921 veröffentlichte Le Corbusier den Aufsatz „Ornament und Verbrechen" seines vermeintlichen Vorläufers in der zweiten Ausgabe des *Esprit Nouveau*. Loos hat sich dagegen von Le Corbusier von Anfang an mißverstanden gefühlt und sich später auch äußerst geringschätzig über dessen Person geäußert (1/331). Er litt an der vereinnahmenden Interpretation seiner Ideen und sicher auch am Erfolg eines ‚Modernen Stils', der sich auf ihn berief, ohne ihn verstanden zu haben. Es ist dabei ganz offensichtlich nicht die persönliche Niederlage, die Loos schmerzt, sondern die Niederlage einer Idee: „Ich habe mit meinen Lehren nur Unheil gesät", schreibt er 1927 (1/346). Wie konträr die Ideen von Loos und Le Corbusier tatsächlich waren, zeigt sich am deutlichsten in ihren städtebaulichen Arbeiten Anfang der zwanziger Jahre: Le Corbusiers Plan für eine „Ville Contemporaine" aus dem Jahr 1922 und Adolf Loos' Tätigkeit als Architekt für das Siedlungsamt der Gemeinde Wien in den Jahren 1920 bis 1924.
Die Ville Contemporaine (Abb. 44) ist das erste Meisterwerk des rationalistischen Städtebaus: Gigantische Hochhäuser auf kreuzförmigem Grundriß, in vollendeter Ordnung in eine Parklandschaft gesetzt, bilden das Zentrum der Stadt. Hinter diesen Hochhäusern scheinen bereits die Satellitensiedlungen der sechziger Jahre hervorzugrinsen, aber die rührend altmodischen Automobile und die Doppeldecker, die die Szene beleben, verweisen auf den historischen Moment des Jahres 1922. Le Corbusier darf seine Stadtvision noch eine „Quelle der Poesie" (8/84) nennen: als technisches Gebilde lebt sie von der klaren Trennung der Funktionen, als ästhetisches Objekt von den „Freuden der Geometrie" (8/85). „Die Maschine geht hervor aus der Geometrie. Demnach

ist unsere ganze Gegenwartsepoche eine ausnehmend geometrische. (...) Die modernen Künste und das moderne Denken suchen nach einem Jahrhundert der Analyse ihr Heil jenseits der zufälligen Tatsachen, und die Geometrie führt sie zu einer mathematischen Ordnung."
„Der moderne Städtebau gebiert eine neue Architektur. Eine ungeheure, blitzeschleudernde, brutale Entwicklung hat die Brücken zu der Vergangenheit abgerissen." (8/87)
1925 überträgt Le Corbusier – im Plan Voisin – seine Utopie auf das Stadtzentrum von Paris, dessen alte Strukturen ausgelöscht und durch 18 jeweils 200 m hohe Wolkenkratzer ersetzt werden sollten. „Man darf nicht Defätist sein, um vom modernen Städtebau zu träumen", schreibt er in seinen *Leitsätzen*, „denn zu diesem gehört, daß viele vererbte Ideen auf den Kopf gestellt werden. Trotzdem kann man heute daran denken (...), weil eine Kollektivleidenschaft aufgewacht ist unter dem Drucke der brutalsten Not, geleitet von einem hohen Gefühle der Wahrheit. Der erwachte Geist bildet bereits den sozialen Rahmen um." (8/85)
Brutalste Not, ein hohes Gefühl für Wahrheit, der soziale Rahmen – drei Begriffe, die auch den Ausgangspunkt für die städtebauliche Arbeit von Adolf Loos bezeichnen könnten. Und dennoch ist ein größerer Gegensatz kaum vorstellbar: Völlig unspektakulär setzt sich Loos für die Wiener Gartenstadtbewegung ein, wird 1921 Chefarchitekt des Siedlungsamtes der Gemeinde Wien. Er erreicht eine Änderung der Wiener Bauordnung, die das Siedlungshaus auch ökonomisch gegenüber dem Geschoßwohnbau konkurrenzfähig machen soll. Massendemonstrationen im September 1920 hatten die Gemeinde Wien dazu gezwungen, den Siedlern sowohl günstige Darlehen als auch den Baugrund für die Siedlungen zur Verfügung zu stellen. Ende 1920 ist Loos an einem Generalarchitekturplan für Wien beteiligt, in dem die Zonen für die Wiener Kleingartensiedlungen festgelegt werden. 1921 erstellt er den Bebauungsplan der Siedlung „Friedensstadt" im Lainzer Tiergarten und entwirft einfachste Reihenhäuser. (Abb. 46) 1923 werden in der Heubergsiedlung acht Häuser nach seinem Patent des „Hauses mit einer Mauer" errichtet.
Gegenüber den Visionen Le Corbusiers hatten diese Projekte jedenfalls den Vorzug, technisch und ökonomisch realisierbar zu sein: Auch ein vergleichsweise reiches Land wie Frankreich wäre damals nicht imstande gewesen, eine Ville Contemporaine zu bauen, und Stahlbeton – das Material, in das die Modernen so große Hoffnungen setzten – war

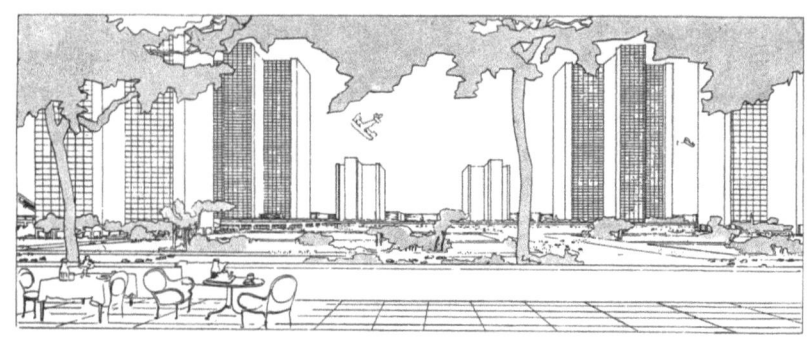

44 Le Corbusier, Ville Contemporaine, 1922

45 Skizzen zur Ville Contemporaine

46 *Adolf Loos, Siedlungshaus, 1920*

nicht nur teuer, sondern auch keineswegs in entsprechenden Mengen verfügbar. Dennoch darf man in den Loosschen Projekten für die Siedlerbewegung keine Beschränkung auf das gerade noch Mögliche sehen. Für Loos waren sie die architektonische Verwirklichung der Idee eines demokratisch geprägten Humanismus. Während Le Corbusier grundsätzlich von der Entwicklung des Kollektivs ausgeht, konzentriert sich Loos auf den einzelnen Menschen. Schon in *Ornament und Verbrechen* ist seine Haltung sehr differenziert: „Den perser, der seinen teppich knüpft, die slowakische bäuerin, die ihre spitze stickt, die alte dame, die wunderbare dinge in glasperlen und seide häkelt, die versteht er sehr wohl. Der aristokrat läßt sie gewähren, er weiß, daß es ihre heiligen stunden sind, in denen sie arbeiten." Nur der „Mensch mit den modernen Nerven" kann kein Ornament mehr schaffen: „Seine eigene Erfindung konzentriert er auf andere Dinge." (13/88) Neue Ideen können der Menge nicht einfach von einem großen Menschen ‚geschenkt' werden; sie fallen nur dann auf fruchtbaren Boden, wenn das gesellschaftliche Bewußtsein entsprechend entwickelt ist.

Seine eigene Rolle sieht Loos als die eines Katalysators in einem evolutionären Prozeß. „Der Weg ist: Gott schuf den Künstler, der Künstler schafft die Zeit, die Zeit schafft den Handwerker, der Handwerker schafft den Knopf." (3/21) Die Vorträge, die Loos über alle Bereiche der Alltagskultur (Essen, Kleidung und Wohnen, über „Gehen, Stehen und Sitzen") hielt, hatten nur ein Ziel: den „Handwerker", damit sind letztlich alle Nicht-Künstler gemeint, auf das Niveau seiner Zeit zu heben.

Der wesentliche Unterschied zu Le Corbusier besteht aber darin, daß Loos Architektur – mit den beiden Ausnahmen des Denkmals und des Grabmals – nicht zur Kunst zählen will. Der Schriftsteller, der Maler, der Komponist – das sind für Loos die Künstler, die die Zeit schaffen; der Architekt ist nur ein „Maurer, der Latein gelernt hat". (3/17) Die Begründung, die Loos dafür gibt, ist nicht so einfach von der Hand zu weisen: „Das Haus hat allen zu gefallen. Zum Unterschiede vom Kunstwerk, das niemandem zu gefallen hat. (. . .) Das Kunstwerk wird in die Welt gesetzt, ohne daß ein Bedürfnis danach vorhanden wäre. Das Haus deckt ein Bedürfnis. Das Kunstwerk ist niemandem verantwortlich, das Haus einem jedem. Das Kunstwerk will die Menschen aus ihrer Bequemlichkeit reißen. Das Haus hat der Bequemlichkeit zu dienen. Das Kunstwerk ist revolutionär, das Haus konservativ." (3/18) Für Genies, so behauptet Loos, ist im Reich der Architektur kein Platz.

Le Corbusier, von seiner ganzen Persönlichkeit her eines der großen Genies dieses Jahrhunderts, sieht sich dagegen in erster Linie als Künstler; er glaubt sich daher über alle kleinlichen Schwächen und Sentimentalitäten der Menge hinwegsetzen zu dürfen. Betrachten wir noch einmal die Vision eines neuen Paris, die er 1925 im Plan Voisin vorstellt. In seinen Skizzen dazu (Abb. 45) wird deutlich, daß sein Entwurf gerade als jene Art von Monumentalbau zu verstehen ist, den auch Loos dem Reich der Kunst zuzurechnen bereit ist: Die Hochhäuser des neuen Paris stehen als geometrische Denkmäler des „neuen, großen Zeitalters" zwischen Montmartre, Eiffelturm und Triumphbogen – den ‚Grabmälern' vergangener Epochen.

Zum Abschluß dieses Kapitels seien nochmals die grundsätzlichen Positionen von Le Corbusier, Loos und dem Bauhaus zum Verhältnis von Mensch und Architektur gegenübergestellt. Für Le Corbusier ist es die Architektur, die – vor allen anderen Künsten – die Zeit und damit den neuen Menschen schafft. Sie hat daher das Recht und sogar die Pflicht, die Bedürfnisse der Bewohner zu manipulieren. Für Adolf Loos ist Architektur Teil der Alltagskultur. Es ist ihre Aufgabe, eine Umwelt zu schaffen, die es dem einzelnen Menschen ermöglicht, ohne Behinderungen auf der Höhe seiner Zeit zu leben. Für das Bauhaus – oder genauer: für dessen materialistische Ausprägung – ist Architektur die Organisationstechnik, die dem Menschen zu einer dem Stand der Produktivkräfte und der Wissenschaften entsprechenden Umwelt verhelfen soll. Die Zeit nimmt hier, wenn man den oben zitierten Satz von Loos abwandelt, gewissermaßen den Umweg über den Knopf, um den neuen Menschen zu schaffen, und hinter der Zeit steht kein Künstler – wie bei Le Corbusier – und noch viel weniger ein Gott.

Die materialistische Hoffnung des Bauhauses erscheint heute endgültig als Illusion: Die Zwänge der industriellen Produktion sind ein schlechter Boden für Idealismus. Im Spannungsfeld zwischen den Ideen Loos' und Le Corbusiers, zwischen Architektur als „Kultur" auf der einen und „künstlerischer Vision" auf der anderen Seite, steckt dagegen noch ein enormes kreatives Potential.

Mies oder das Schöne als Abglanz des Wahren

Als die Berliner Zeitschrift „Die Form" im Jahr 1931 das Haus Tugendhat von Mies van der Rohe in Brünn vorstellte, erhielt sie mehrere sehr

kritische Leserbriefe, in denen die Bewohnbarkeit des Hauses angezweifelt wurde. Man sprach von „Ausstellungswohnen" und warf dem Architekten Monumentalität und falsches Pathos vor. (14/78) Als Reaktion darauf veröffentlichte die Zeitschrift in ihrer nächsten Ausgabe die Stellungnahmen der Bewohner, Grete und Fritz Tugendhat. Beide betonen ihre positive Einstellung zur Disziplin des Hauses, die für den modernen Menschen eine Befreiung darstelle und mit Pathos nichts zu tun habe. „Es ist richtig, man kann im Hauptraum keine Bilder aufhängen, ebensowenig kann man wagen, irgendein die stilvolle Einheitlichkeit des Mobiliars störendes Stück hereinzutragen – aber wird deswegen ‚das persönliche Leben erdrückt'? Die unvergleichliche Zeichnung des Marmors, die natürliche Maserung des Holzes sind nicht an die Stelle der Kunst getreten, sie treten in der Kunst auf, im Raum, der hier Kunst ist." Und Fritz Tugendhat schließt: „Wenn ich diese Räume und alles, was darin ist, als Ganzes auf mich einwirken lasse, dann empfinde ich deutlich: das ist Schönheit – das ist Wahrheit." (14/81)
Auch Mies selbst hat öfter auf den Zusammenhang zwischen Wahrheit und Schönheit hingewiesen. Er verwendet dabei eine Textstelle von Augustinus, die etwas präziser formuliert: „Das Schöne ist ein Abglanz des Wahren." Für Augustinus ist der Begriff der Wahrheit vor allem für einen vernunftgemäßen Gottesbeweis bedeutsam: Der Mensch entdecke beim Hineinblicken in sich selbst, daß es Wahrheit gibt. Also müsse es auch einen Maßstab geben, an dem gemessen werden kann, ob die Vernunft in der Wahrheit sei, und dieser Maßstab müsse höher sein als die Vernunft selbst. Was aber die Vernunft übersteige, sei Gott. Der Zugang zu Gott sei jedoch nicht nur über die Vernunft, sondern auch über das Gefühl denkbar. Was für die Vernunft die Wahrheit sei, das sei für das Gefühl die Schönheit, und aus der Anschauung der Schönheit lasse sich auf den Urheber des Gefühls schließen.
Schönheit als Abglanz der Wahrheit: Was heißt das für den Architekten? Ist jede ‚schöne' Form wahr? Oder verlangt ‚Wahrheit' eine bestimmte Art von Schönheit? Die Position, die Mies hier einnimmt, entwickelt sich von einer materialistischen in den zwanziger Jahren zu einer metaphysischen gegen Ende seines Lebens.
Nach einer kurzen expressionistischen Phase deckt sich seine Position vorerst mit der des Bauhauses. Es gibt für ihn ‚wahre' und ‚falsche' Schönheit. Falsch ist – wie anders – die Schönheit des Historismus, aber auch die mancher Spielarten des Expressionismus: „Keine Teigwaren noch Panzertürme. Bei tragender Binderkonstruktion eine nichttra-

gende Wand. Also Haut- und Knochenbauten." (8/70) Wahrheit bedeutet für den jungen Mies vor allem Objektivierung, und als Mittel dazu erscheint ihm die Industrialisierung des Bauens geeignet: „In der Industrialisierung des Bauwesens sehe ich das Kernproblem des Bauens unserer Zeit. Gelingt es uns, diese Industrialisierung durchzuführen, dann werden sich die sozialen, wirtschaftlichen, technischen und auch künstlerischen Fragen leicht lösen lassen", schreibt er 1924 (8/76).
Der Barcelona-Pavillon aus dem Jahr 1929 markiert einen ersten Wendepunkt. Das System des Haut- und Knochenbaus ist hier zwar beibehalten, wenn auch in einer extrem verfeinerten, künstlerischen Form, aber der Gedanke der Industrialisierung ist nicht einmal mehr in Ansätzen spürbar. Material, Proportion, Raum − also die klassischen Probleme reiner Architektur − sind das Thema des Pavillons. Mies verbindet edelste Materialien (Onyx, farbige Gläser, Chrom und Travertin) zu einem Bild, das an abstrakte Kompositionen des Stijl erinnert. Vor allem aber führt er die latente Raumidee der Moderne zu einer völlig neuen Qualität: Der Raum des Barcelona-Pavillons ist kein klar definiertes Volumen mehr, sondern ein räumliches Kontinuum, ein sparsam definierter Ausschnitt des einen endlosen Raums.
Natürlich ist der Pavillon ein Kunstwerk: Schließlich war er, neben einer Plastik von Georg Kolbe, das eigentliche Präsentationsobjekt von Barcelona. Aber er ist ein Kunstwerk, das − zumindest in den Augen von Mies − in besonderer Weise mit dem Leben seiner Zeit verknüpft ist: „Ich wende mich nicht gegen die Form, sondern gegen die Form als Ziel", schreibt er 1927. „Form als Ziel mündet immer in Formalismus. Denn dieses Streben richtet sich nicht auf ein Innen, sondern auf ein Außen. Aber nur ein lebendiges Innen hat ein lebendiges Außen. Nur Lebensintensität hat Formintensität. (...) Wirkliche Form setzt wirkliches Leben voraus. Hier liegt das Kriterium. (...) Das Leben ist uns das Entscheidende. In seiner ganzen Fülle, in seinen geistigen und realen Bindungen." (8/96) Die Aufgabe des Werkbundes sieht Mies darin, die „Situation, in der wir stehen, aufzuhellen (...), ihre Strömungen zu ordnen und dadurch zu führen? Muß man nicht alles andere den schöpferischen Kräften überlassen?" (8/96)
Die Forderung, die Mies hier aufstellt, ist ein gemeinsames Anliegen der großen Mehrheit der modernen Architekten der ersten Stunde: Die Trennung von Kunst und Leben muß überwunden werden. Im Barcelona-Pavillon fühlt sich Mies diesem Ziel so nahe, daß er noch im selben Jahr dessen Prinzipien auf das Haus Tugendhat, einen Wohnbau

also, überträgt. Der Bauherr hat seinen Architekten verstanden: Fritz Tugendhat spricht vom „Raum, der hier zur Kunst wird", rühmt gleichzeitig, daß das Haus in technischer Hinsicht alles besitzt, was der moderne Mensch nur wünschen kann" und daß es seine Vorstellung von „Licht, Luft, Klarheit und Wahrheit" erfülle. (14/81)
Betrachtet man das Baujahr des Hauses Tugendhat, 1930, dann drängt sich die Frage nach der tatsächlichen Übereinstimmung mit der „geistigen und realen Situation" der Zeit geradezu auf. 1930 in Deutschland: fünf Millionen Arbeitslose, die NSDAP wird bei den Wahlen mit 13 Millionen Stimmen zur zweitstärksten Partei des Landes, Hitler bereitet sich auf die Übernahme der Macht vor. Klarheit und Wahrheit, die Fundamente der Miesschen Architektur, sind in der Außenwelt, der geistigen wie der realen, bald nicht mehr zu finden. 1933 schließt die Gestapo das Bauhaus. Mies versucht noch lange, die reine ‚Form' gegen das ‚Leben' im nationalsozialistischen Deutschland zu retten: Er bleibt Mitglied der Preußischen Akademie der Künste, auch nach der berüchtigten Ausstellung über „entartete" Kunst., 1933 unterschreibt er einen Aufruf zur Unterstützung von Hitlers „völkischer Kulturpolitik" und nimmt, neben Gropius und Poelzig, am Wettbewerb für den Neubau der Reichsbank teil. (12/248) Erst als er 1937 einen Ruf nach Chicago an das Armour Institute erhält, emigriert Mies. Im März 1939 besetzte die Deutsche Armee das, was von der Tschechoslowakei nach der Teilung von 1938 geblieben war. Grete und Fritz Tugendhat haben ihr Haus nicht lange bewohnt.
Nach der Emigration in die USA ändert sich der Charakter der Architektur Mies van der Rohes grundlegend. Ursache dafür sind nicht irgendwelche neuen Erfahrungen, die Mies in Amerika gemacht hätte, sondern jene Erfahrungen, die er aus der Zeit von 1930 bis 1938 mitgebracht hat. Die Veränderungen sind nicht auf den ersten Blick erkennbar, denn an der Oberfläche deutet alles auf Kontinuität hin. Mies hat sein Vokabular nicht geändert: edle Materialien, ausgewogene Proportionen, eine ungeheure Konzentration auf die Schönheit des Details — aber das Verhältnis zwischen Architektur und Leben hat eine radikale Wandlung erfahren. Ich möchte das am Beispiel des Farnsworth-Hauses (Abb. 48, 49) aus den Jahren 1945 bis 1950 erläutern.
Das Farnsworth-Haus besteht aus drei horizontalen Flächen: einer Terrassenplattform, einer etwas höher liegenden Bodenplatte und dem flachen Dach. Bodenplatte und Dach werden von acht schlanken, seitlich angesetzten Stahlstützen getragen und begrenzen den Raum in der dritten

47 Ludwig Mies van der Rohe, Neue Nationalgalerie Berlin

48 Ludwig Mies van der Rohe, Farnsworth-Haus, Innenraum

49 Farnsworth-Haus, Außenansicht

Dimension. Ansonsten ist das Haus nach allen Richtungen offen; nur eine dünne Glashaut trennt Innen- und Außenraum. Das Ergebnis ist aber keine Verbindung der beiden, Mies hat nicht die Absicht, „die Natur ins Haus zu holen". Das Farnsworth-Haus schwebt als völlig künstlicher Bereich über dem Boden, und selbst die physische Verbindung zur natürlichen Welt wirkt unsicher: Die Terrassenplatte, über die man das Haus betritt, scheint bei der geringsten Berührung davonzugleiten. Das Haus bietet dem Bewohner nur den notwendigsten Schutz gegen die Elemente, psychisch setzt es ihn ganz der Umwelt aus.
Der zweite wesentliche Punkt ist, daß das Haus in keinerlei Beziehung zum alltäglichen Leben mehr steht. Alle Nebenräume sind zu einem Kern zusammengefaßt, der, vom Kamin abgesehen, nicht bis zur Decke reicht und dadurch genausowenig zum Gebäude zu gehören scheint wie ein Stuhl oder ein Tisch. Die Aussage ist klar: Hier *kann* zwar Leben stattfinden – ob das Farnsworth-Haus aber bewohnt wird oder nicht, ist eigentlich gleichgültig.
Alle späten Bauten von Mies – von der Crown Hall bis zum Seagram Building, vom Farnsworth-Haus bis zur Nationalgalerie in Berlin – lassen deutlich spüren, daß sie mit den Stürmen des Lebens nichts mehr zu tun haben wollen. Die Architektur rückt ab vom Menschen, es öffnet sich der Raum der Bewährung: Das Farnsworth-Haus ist die größte Herausforderung an den Bewohner in der Geschichte der Architektur. Aber wie gelangt ein Architekt, der noch 1927 davon sprach, daß ihm das Leben „das Entscheidende" sei, zu einer derart radikalen Position? Diese Frage führt uns zurück zu Mies van der Rohes Vorstellung vom Schönen als Abglanz des Wahren. Mies interpretiert diesen Satz so, daß der Architekt, um Schönheit zu schaffen, Wahrheit kennen müsse.
„Ob wir hoch oder flach bauen, mit Stahl oder Glas bauen, besagt nichts über den Wert des Bauens. (. . .) Aber gerade die Frage nach dem Wert ist entscheidend. Wir haben neue Werte zu setzen, letzte Zwecke aufzuzeigen, um Maßstäbe zu gewinnen. Denn Sinn und Recht jeder Zeit, also auch der neuen, liegt einzig und allein darin, daß sie dem Geist die Voraussetzung, die Existenzmöglichkeit bietet", schreibt er 1930 (8/114). Ich habe bereits erwähnt, was die Zeit nach 1930 für Mies bedeutete: die Umwertung aller Werte, den völligen Untergang des Geistes in seiner Heimat. Welche Wahrheiten hatte das Leben nach Auschwitz und Hiroshima in bezug auf ‚Schönheit' und ‚Wahrheit' noch zu bieten?
Mies zieht daraus die radikale und aus seiner Position einzig mögliche

Konsequenz: Die Architektur beschränkt sich auf die ewigen Wahrheiten, auf die Geometrie und auf die Konstruktion in ihrer elementarsten Form. Hier gibt es – nicht nur formal, sondern auch ideologisch – eine Spur zurück in die Zeit des Klassizismus. 1819, vier Jahre nach dem Ende der napoleonischen Kriege, der verlustreichsten, die Europa seit der Völkerwanderung erlebt hatte, beschreibt Arthur Schopenhauer im ersten Band von *Die Welt als Wille und Vorstellung* die Künste als „Objektivation des Willens der Natur". Als „einziges und beständiges Thema" der Baukunst sieht er das Thema von Stütze und Last, befürwortet eine Architektur von „lauter regelmäßigen Figuren aus geraden Linien oder gesetzmäßigen Kurven, imgleichen die aus solchen hervorgehenden Körper wie Würfel, Parallelepipeden, Zylinder, Kugel, Pyramide und Kegel". (15/346)

Mies teilt seinerseits die Schopenhauersche Auffassung von der „Kunst als Objektivation der Natur". In einem Vortrag am IIT in Chicago über Technik und Architektur sagt er 1950: „Die Technik ist weit mehr als eine Methode, sie ist eine Welt für sich. Als Methode ist sie in beinahe jeder Hinsicht überlegen. Aber nur dort, wo sie ganz sich selbst überlassen bleibt (...), dort enthüllt die Technik ihre wahre Natur. Dort wird offenbar, daß sie (...) etwas Eigenständiges ist, etwas, das einen Sinn hat und eine kraftvolle Form – so kraftvoll, daß sie nicht leicht zu benennen ist. Ist das noch Technik oder ist es Architektur? (...) Wo immer die Technik ihre wirkliche Erfüllung findet, dort erhebt sie sich in die Sphäre der Architektur." Die Formen des Ingenieurbaus, Produkt von Naturgesetzen und damit ästhetisch zum Naturschönen zu zählen, verschmelzen mit denen der Architektur zu einer neuen Einheit: „Unsere wahre Hoffnung ist es, daß sie [Technik und Architektur; C.K.] zusammenwachsen, daß eines Tages die eine der Ausdruck der anderen sein wird." (8/146)

Mies hat diese Einheit von Architektur und Technik nie zustande gebracht. Selbst in seinem letzten Werk, der Nationalgalerie in Berlin (Abb. 47), die der Inbegriff von Material- und Strukturechtheit zu sein scheint, kämpft die reine Geometrie gegen die Naturgesetze: Um zu verhindern, daß sich der gigantische Trägerrost des Dachs unter der eigenen Last sichtbar durchbiegen konnte, mußte er – gegen jede konstruktive Vernunft – in einer gekrümmten Lehre geschweißt werden. Aber vielleicht liegt gerade darin die große Leistung von Mies: zu zeigen, wieviel Konzentration und Anspannung notwendig ist, wenn man Ordnung in eine Welt voller widersprüchlicher Kräfte bringen will.

Adolf Loos oder die Wahrheit als ethischer Begriff

Die drei bisher diskutierten Auffassungen von Wahrheit zeigen eine auffällige Gemeinsamkeit: sie bauen alle auf dem Begriff der Kollektivität auf. Hannes Meyer – der im übrigen dogmatischer Kommunist war – schreibt 1928, daß „bauen (. . .) aus einer einzelangelegenheit von einzelnen (. . .) zu einer kollektiven angelegenheit der volksgenossen" wird (8/111). Le Corbusier spricht von einer Kollektivleidenschaft, die „fähig wird, ein Zeitalter emporzuheben". (8/85) Mies nennt Baukunst erst „raumgefaßten Zeitwillen" (8/70) und zieht sich zuletzt, wie wir gesehen haben, auf eine Position zurück, die so zeitlos ist, daß sie den Menschen nicht einmal mehr als kollektive Erscheinung braucht. Sein Freund Theo van Doesburg hat die Aufrüstung gegen den Individualismus schon 1918 im ersten De Stijl-Manifest gefordert: „Die künstler der gegenwart in der ganzen welt haben, getrieben durch ein und dasselbe bewußtsein, auf geistigem gebiet teilgenommen am weltkrieg gegen die vorherrschaft des individualismus, der willkür." (8/36)

Im grundsätzlichen Bekenntnis zum Kollektivismus liegt, wie ich meine, die Hauptursache für das zwiespältige Verhältnis dieser Modernen zu Adolf Loos. Sie schätzen ihn, aber sie können ihn nicht als einen der Ihren betrachten. „Loos fegte unter unseren Füßen", schreibt Le Corbusier (1/287) und macht mit dieser delikaten Formulierung dessen Abstand zu den ‚eigentlichen' Modernen deutlich. Diese bewundern zwar die Loossche Kritik am Historismus und an der angewandten Kunst – vor allem, weil kaum einer von ihnen die Kritik so prägnant hätte formulieren können. Aber das eigenständige Modell, das Loos zum Thema Architektur anzubieten hatte, mußte ihnen überall dort unzeitgemäß erscheinen, wo es von der Idee des Individualismus geprägt war. Diese Idee ist aber – und das soll im folgenden gezeigt werden – für Adolf Loos ein anthropologisches Konzept, das am Ursprung seiner Arbeit steht und sie in allen Bereichen durchdringt.

1897 stellt Loos in einem Zeitschriftenartikel drei Forderungen an einen modernen Gegenstand: höchste Vollkommenheit, unbedingte Wahrheit und Individualität. (1/40) Individualität bedeutet hier zunächst das Recht des Menschen, seine Privatsphäre selbst zu gestalten. Loos verlangt, daß „jeder König, jeder Bürger und jeder Bauer seine Charaktereigenschaften in seiner Wohnungseinrichtung zum Ausdruck bringt". (1/40) Dieser Bereich soll von der Bevormundung durch die angewandte Kunst verschont bleiben. 1903, im Gründungsjahr der Wiener Werkstätte, die sich „die

Durchdringung aller Lebensbereiche mit Kunst" (1/118) zur Aufgabe gemacht hatte, schreibt Loos in seiner Zeitschrift „Das Andere": „die zeitungsschreiber haben es im lauf der letzten jahre versucht, uns mut zu den geschmacklosigkeiten der modernen künstler zu machen. Ich will versuchen, euch mut zu euren eigenen geschmacklosigkeiten zu machen." (13/41) Sich selbst sieht er als „Wohnungslehrer" und vergleicht seine Rolle mit der eines Fechtmeisters. Dieses Konzept scheint sich auch in der Praxis bewährt zu haben. „Ich bin überzeugt, daß mein Haus das schönste ist, es wurde zum Schluß so, wie wir es uns beide vorgestellt hatten. Loos war nicht mein Architekt, ich nicht sein Bauherr – wir haben es gemeinsam gebaut", schreibt Erich Mandl, für den Loos 1917 einen Villenumbau plante. (1/217)

Die Forderung nach Individualität führt hier, so scheint es, zu einer extremen Form von Partizipation: „Eure wohnung könnt ihr euch nur selbst einrichten. Denn erst dadurch wird sie eure wohnung." (13/42) Konsequenterweise gibt Loos dabei vorerst den Anspruch auf ‚Schönheit' auf (er macht schließlich „Mut zu den eigenen Geschmacklosigkeiten"), holt ihn aber wieder zurück, indem er die Aufgabe des Architekten in einen anderen Bereich verschiebt, nämlich „den Geschmack der Menge (. . .) zu heben, indem er die Bedürfnisse des jeweils geistig vornehmsten erfüllt". (1/41) Loos hat diese Forderung in allen kulturellen Bereichen gelebt, von Vorträgen über Kleidung und Essen bis zu seinem Engagement in der Siedlerbewegung.

Individualismus bedeutet aber für Loos nicht nur Respekt vor dem einzelnen Menschen, sondern auch – und damit unterscheidet er sich am deutlichsten von seinen Zeitgenossen – Respekt vor der Tradition. Denn der Einzelne ist für Loos zwar nicht Schöpfer, sehr wohl aber Träger von Kultur und besitzt damit auch eine individuelle Verantwortung für sie. Kultureller Fortschritt ist damit für Loos grundsätzlich nur als Evolution vorstellbar. Das Verschwinden des Ornaments ist in seinen Augen kein revolutionäres Ereignis, sondern ein folgerichtiger Schritt in einer großen kulturellen Entwicklung. „Evolution der kultur ist gleichbedeutend mit dem entfernen des ornaments aus dem gebrauchsgegenstand", lautet der kernsatz von „Ornament und Verbrechen" (13/79). Diese Evolution braucht die Geschichte als Führungsschiene, die ihr gewissermaßen die Richtung in die Zukunft weist. Die „Kollektivleidenschaft" kann dagegen auf jede Tradition verzichten: Sie fordert die Revolution, den Versuch also, die Geschichte mit einem einzigen gewaltsamen Ruck zu einem guten Ende zu bringen.

Bis zu diesem Punkt hat das Konzept des Individualismus keine direkten Auswirkungen auf die architektonische Form: Es definiert die Position des Architekten beim „Machen von Gebäuden", wie Christopher Alexander sagen würde, und begründet die Notwendigkeit der Tradition. Aber auch das Raumkonzept von Adolf Loos beruht auf der Idee des Individualismus. Erinnern wir uns an das räumliche Kontinuum bei Mies van der Rohe: Voraussetzung einer Architektur, die sich als Teil des einen, unendlichen Raums versteht. Auch bei Loos gibt es ein räumliches Kontinuum, aber es ist bei ihm keine einmalige Tatsache, sondern ein Ereignis, oder genauer: ein subjektives Erlebnis. Im Katalog zur Berliner Loos-Ausstellung setzt Matthias Tripp diesen Gedanken in Beziehung zur Erkenntnistheorie von Ernst Mach: „Es ist der Wandel von der Weltanschauungs- zur Bewußtseins-Architektur, ausgerichtet an individuellen Bedürfnissen. Wissenschaftlich tritt an die Stelle der erkenntnisleitenden Außenraumvorstellung des Newtonianismus die Raumtheorie der individuellen Sinneswahrnehmung in der Gestalt der Theorie von Ernst Mach." (6/48)

In letzter Konsequenz prägt das individualistische Konzept damit die Loossche Vorstellung von der Wahrheit. Wahrheit gibt es für ihn weder in den Dingen noch in den Beziehungen, sondern nur im Innersten des Menschen, von wo aus sie als individuelle Verantwortung auf die Dinge und Beziehungen wirkt. Damit beruft sich Loos auf die traditionelle Vorstellung von der Wahrheit als ethischem Begriff. Moral ist gesellschaftliche Konvention, Ethik dagegen Sache des Einzelnen, und sie kann daher auch im größten äußeren Chaos bestehen. Die Architekten des internationalen Stils, von denen Loos behauptet, daß sie seine Lehre „ad absurdum getrieben" hätten (13/177), sind Moralisten. Loos bleibt dagegen, ganz im Sinn seines Freundes Karl Kraus, Ethiker und zitiert in diesem Zusammenhang die Bemerkung Goethes:„Architektur besteht nicht im Häuserbauen, sondern in der Gesinnung." (1/326)

In diesem Bekenntnis zur Ethik scheint aber auch die weiche Stelle der Looschen Theorie zu liegen. Denn woher soll der Einzelne wissen, daß gerade seine Gesinnung und nicht die der anderen die wahre ist?

Das Paradoxon als Prinzip

Dieser Frage sieht sich im Grunde jede subjektivistisch orientierte Philosophie konfrontiert. Die Antwort darauf muß die begrifflichen Mittel rationalen Denkens übersteigen: Denn sie kann nur darin bestehen – und idealistische Philosophien haben das immer versucht –, die Außenwelt im Kern des Individuums neu zu begründen. Damit wird die Grenze zwischen Innen- und Außenwelt aufgehoben, die eine Grundlage des rationalen Denkens ist. Die Aufhebung dieser Grenze führt zu Aussagen, die vom rationalen Standpunkt her als paradox erscheinen müssen.
In Adolf Loos' Werk findet sich eine ganze Reihe derartiger Aussagen, und Hanno Walter Kruft spricht ihm daher auch beim Wiederkäuen der Geschichte der Architekturtheorie jede systematische Haltung ab: „Loos ist in manchen Punkten widersprüchlich in sich selbst (. . .), die gedanklichen Bruchstücke lassen sich zu keinem System zusammenfügen. Möglicherweise hat er es deshalb auch nicht selbst versucht." (15/422) Um welche Formulierungen geht es hier? Eine der wesentlichsten findet sich am Schluß von *Ornament und Verbrechen*. Loos sagt dort über den modernen Menschen, dessen Individualität sei so stark, daß sie sich nicht mehr in äußeren Formen ausdrücken ließe. (13/88) Auch in *Ornament und Erziehung* findet sich ein Satz, der in offenem Widerspruch zur Forderung nach Individualität zu stehen schein.: „Der einzelne mensch ist unfähig eine form zu schaffen. (. . .) Form oder ornament sind das resultat unbewußter gesamtarbeit der menschen eines ganzen kulturkreises." (13/175) Ihre extremste Formulierung erfährt diese Idee aber in Loos' Behauptung, man könne den modernen Stil nur dann finden, wenn man nicht nach ihm suche. „Zur zeit David Roentgens gab es so moderne menschen, wie es heute unsere ingenieure oder unsere schneider sind. Menschen, die das beste schaffen wollen, ohne zu wissen was modern ist. Denn das wissen darum schließt die modernität aus!" (13/211)
Arthur Korn, Anfang der zwanziger Jahre Partner Erich Mendelsohns, hat das mystische Element einer solchen Theorie unbewußten Gestaltens offen angesprochen. In seinem Aufsatz „Analytische und utopische Architektur" aus dem Jahr 1921 entwickelt er zuerst eine Gestaltungstheorie ganz nach Bauhaus-Muster: „Analytischer Aufbau aus den letzten Geheimnissen der Materie, der Konstruktion, des Verkehrs (. . .)." – Dann aber: „Ein mystisches Geschehen nach unbekannten,

50   *Ex Libris für Adolf Loos, 1905*

unbewußten Gesetzen und doch konkret, das den ersten rationellen Vorgang in geheimnisvoller Weise in einem eigenen Geistesreich neu erschafft." Und er fährt fort: „Es bleibt das unfaßbare Geheimnis, daß sich die messerscharfe analytische Konstruktion und die im Reich des Unbewußten geborene Utopie in einem Punkte schneiden, gleichsam als wiederholte der unbewußte Genius in uns auf einer höheren, uns unbekannten Stufe den Schaffensprozeß noch einmal zum gleichen Ende." (8/72)

Adolf Loos war mit ähnlichen philosophischen Ideen der „coincidentia oppositorum" – etwa in der negativen Theologie eines Nicolaus von Kues oder meister Eckharts – vertraut. Belege dafür finden sich in den Werken von Egon Friedell und Robert Musil, die gemeinsam mit Loos regelmäßig Gäste im Schwarzwaldschen Salon waren (5/93), dessen Einrichtung Loos selbst 1905 entworfen hatte (Abb. 25). In seiner *Kulturgeschichte der Neuzeit* stellt Friedell die Philosophie Meister Eckharts als geistesgeschichtliche Revolution dar, deren Ausbreitung nur durch brutalste Unterdrückung verhindert werden konnte. (16/162) Robert Musil, ausgebildeter Ingenieur und Naturwissenschaftler, Verfasser einer Dissertation über Ernst Mach, beschreibt im nicht vollendeten zweiten Teil seines Hauptwerks nichts anderes als eine „Säkularisierung der Mystik". (18/105) Damit meint Musil keine kompensatorische Gegenbewegung zu einer im Sinne Machs funktionalistischen Welt, wie sie der Expressionismus versucht. Ulrich, die Hauptfigur im *Mann ohne Eigenschaften*, fordert eine „taghelle Mystik", die Vereinigung von „Genauigkeit und Seele". Denn „der Glaube war immer mit dem Wissen verbunden gewesen, wenn auch nur mit einem eingebildeten, seit den Urtagen seiner zauberhaften Begründung. Und dieser alte Wissensteil ist längst vermorscht und hat den Glauben mit sich in die Verwesung gerissen: es gilt also heute, diese Verbindung neu aufzurichten." (18/105)

Natürlich kann man in all dem eine rein metaphysische Spekulation sehen, die von der Alltagsarbeit des Architekten so weit entfernt ist, daß man sie getrost den Kunsthistorikern zur Verwahrung übergeben darf. Ich glaube aber, daß das zumindest für Adolf Loos nicht zutrifft. denn er bemüht sich – und das ist nun wieder eine notgedrungen paradoxe Formulierung –, gerade den alltäglichen Dingen jene selbstverständliche Qualität zu geben, die sie gewissermaßen transparent macht für das Einzigartige, das sich unformbar hinter ihnen verbirgt.

Diese Haltung ist in den Details seiner Arbeiten (zum Beispiel in seiner

Vorliebe für glänzende Oberflächen und Spiegel) spürbar, in der Ambiguität seiner Baukörper, die immer mehrere und manchmal, wie beim Haus Steiner, sogar widersprüchliche Interpretationen herausfordern, und nicht zuletzt im Programm seiner Bauschule. Die Existenz dieser Schule ist an sich schon fast ein Paradoxon: Denn wie soll man Modernität vermitteln, wenn „das Wissen darum die Modernität ausschließt?" (13/211) Das Programm dieser Schule, die Loos 1912 bis 1914 in Wien führte und für deren Neugründung in Paris immerhin Karl Kraus, Arnold Schönberg, Heinrich Mann und James Joyce einen Aufruf unterzeichneten, bleibt aber in diesem Widerspruch konsistent: Denn es beschwört nicht – wie etwa das Bauhausprogramm – alle Geister der neuen Zeit, sondern beschränkt sich auf eine höchst konventionelle, traditionsbezogene Ausbildung, die nicht Modernität im üblichen Sinne, sondern Qualität vermitteln will. Modernität im Sinne von Loos kann nicht Gegenstand der Lehre sein, sie ist deren selbstverständliche Voraussetzung: Worüber man nicht sprechen kann – und damit bringe ich zum Schluß wenigstens die Hälfte des unvermeidlichen Wittgenstein-Zitats –, das muß man leben. So läßt sich aus der Biographie des Architekten Adolf Loos wohl genausoviel über Architektur lernen wie aus seinen Bauten oder Schriften.

Eine Schlußbemerkung

„Wahrheit", sagt Robert Musil in seinem *Mann ohne Eigenschaften*, „ist eben kein Kristall, den man in die Tasche stecken kann, sondern eine unendliche Flüssigkeit, in die man hineinfällt." (7/533) Man kann die vier in diesem Essay diskutierten Auffassungen von Wahrheit als philosophische Konstruktionen betrachten, die einem in dieser Flüssigkeit ein gewisses Fortkommen sichern können. Für die erste Generation der moderne waren diese Konstruktionen jedoch alles andere als abstrakt. Sie sind nur als Nebenprodukt jener leidenschaftlichen Sehnsucht nach ‚Qualität' zu verstehen, die dieser Generation die Kraft zu einer Architektur gab, deren Faszination auch heute noch nicht erloschen ist. Das wiedererwachte Interesse an der klassischen Moderne könnte, unter diesem Blickwinkel betrachtet, mehr sein als nur die jüngste Welle postmoderner Rekursion.

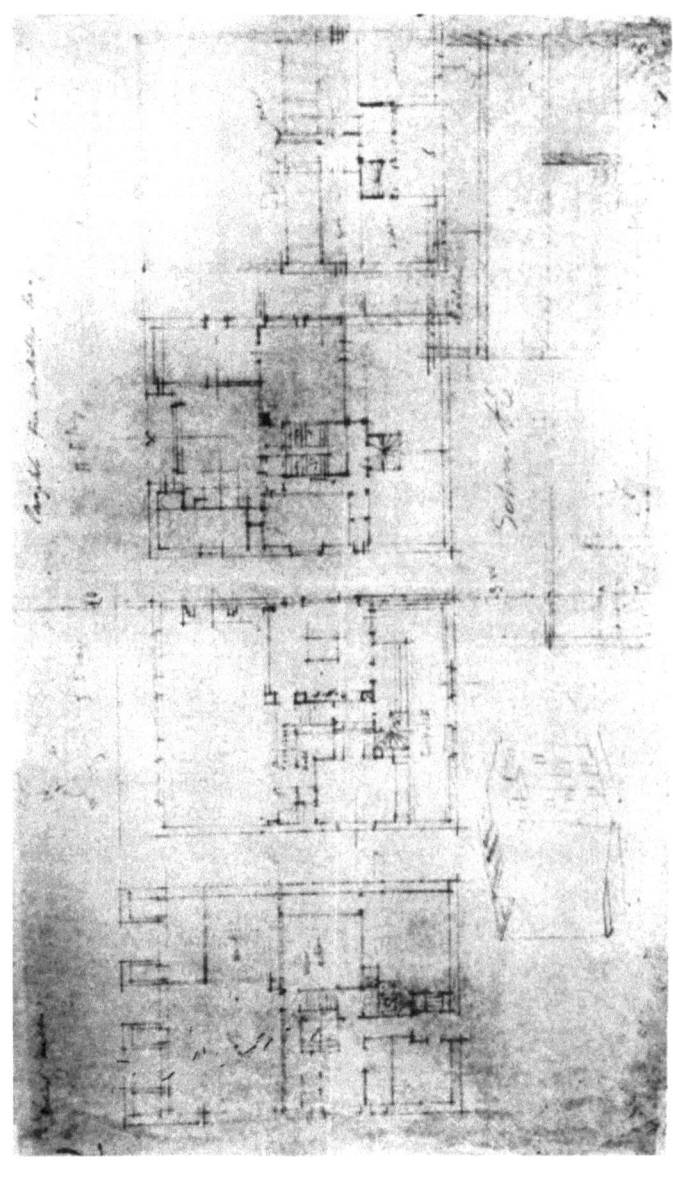

51 Adolf Loos, *Entwurfsskizze Haus Müller*

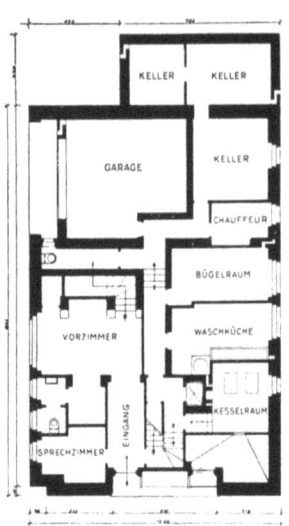

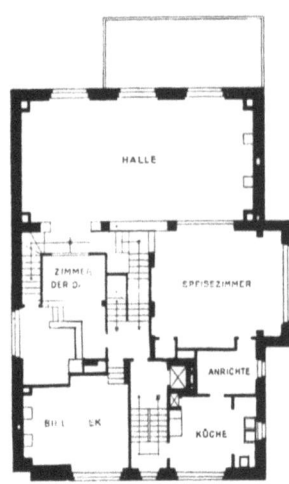

Parterre

1. Stock

2. Stock

Dachgeschoß

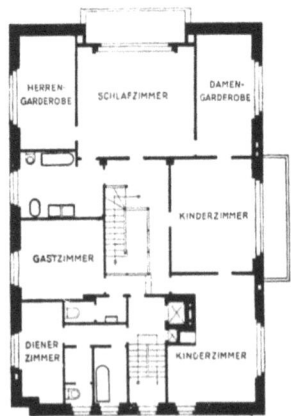

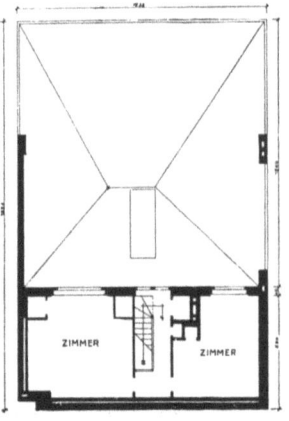

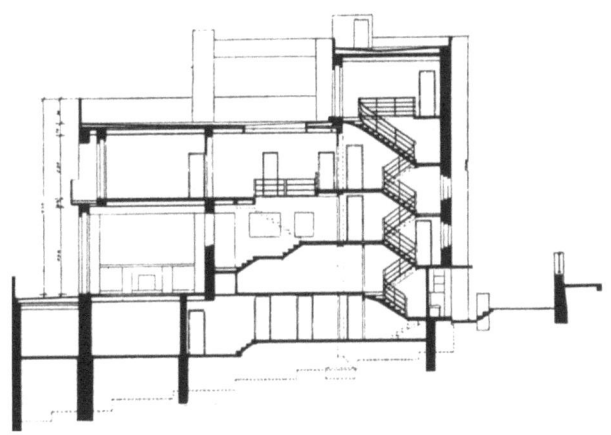

52 Grundrisse und Schnitt

Literatur

1 Rukschcio/Schachel, Adolf Loos. Leben und Werk, Residenz-Verlag, Salzburg und Wien 1982
2 Nikolaus Pevsner, Wegbereiter moderner Formgebung von Moris bis Gropius, Du Mont Buchverlag, Köln 1983
3 Heinrich Kulka, Adolf Loos, Löcker Verlag, Wien 1979
4 Boris Podrecca, Haus Müller, in: AMC, Journal d'Architecture, März 1984
5 Aufbruch zur Jahrhundertwende. Der Künstlerkreis um Adolf Loos, Parnaß, Sonderheft 2, Wien 1985
6 Dietrich Worbs (Hrsg.), Adolf Loos 1870–1933. Katalog zur Ausstellung der Berliner Akademie der Künste, 1983
7 Robert Musil, Der Mann ohne Eigenschaften, 1. und 2. Buch, Rowohlt Verlag, Reinbek 1983
8 Ulrich Conrads (Hrsg.), Programme und Manifeste zur Architektur des 20. Jahrhunderts (= Bauwelt Fundamente, Bd. 1), Vieweg-Verlag, Braunschweig/Wiesbaden 1981
9 Rainer Wick, Bauhaus-Pädagogik, Du Mont Verlag, Köln 1981
10 James P. Crutchfield et al., Chaos, Spektrum der Wissenschaft 2/1987, Seite 78–90
11 Le Corbusier, Der Modulor, DVA, Stuttgart 1978
12 Vittorio Magnago Lampugnani, Architektur als Kultur, Du Mont Buchverlag, Köln 1986
13 Adolf Loos, Trotzdem, Georg Prachner Verlag, Wien 1982
14 Vladimir Slapeta, Die Brünner Funktionalisten, Innsbruck 1985
15 Hanno Walter Kruft, Geschichte der Architekturtheorie, C.H. Beck, Nördlingen 1985
16 Egon Friedell, Kulturgeschichte der Neuzeit, Band 1, dtv, München 1984
17 Prolegomena 53, hrsg. Reinhard Gieselmann, Wien 1986
18 Judith Burckhardt, Der Mann ohne Eigenschaften von Robert Musil oder Das Wagnis der Selbstverwirklichung, Francke Verlag, Bern 1973
19 Jean Baudrillard, Die fatalen Strategien, Matthes & Seitz, München 1985

Bildquellen

Rukschcio/Schachel, Adolf Loos. Leben und Werk, Salzburg/Wien 1982
1, 2, 3, 5, 8, 25, 28, 29, 34, 37, 38, 40, 46, A 1

Heinrich Kulka, Adolf Loos, Wien 1979
4, 7, 12, 13, 23, 24, 35, 36, 39, A 2

Boris Podrecca, Haus Müller, in: AMC, Journal d'Architecture, März 1984 (die Fotos stammen von Gerhard Heller.)
6, 15, 16, 17, 19, 27, 32, 33, 41

Dietrich Worbs (Hrsg.), Adolf Loos 1870–1933, Katalog zur Ausstellung der Berliner Akademie der Künste, 1983
14

V. Magnago Lampugnani, Architektur und Städtebau im 20. Jahrhundert, Stuttgart 1980
44, 47, 49

Zwei Häuser in Kairo, Analyse am Institut für Gebäudelehre der TU Wien, Sonderdruck der Gesellschaft für österreichisch-arabische Beziehungen, Wien 1983
21, 22

Prolegomena, 53, hrsg. R. Gieselmann, Wien 1986
43

Casabella, H. 531/532 (1987)
45

Banham, R., Age of Masters. A Personal View of Modern Architecture, New York 1975
48

Parnaß, Sonderheft 2: Aufbruch zur Jahrhundertwende. Der Künstlerkreis um Adolf Loos, Wien 1985
50

Zeichnungen des Autors
9, 10, 11, 18, 20, 26, 30, 31, 42

Bauwelt Fundamente

1 Ulrich Conrads (Hrsg.), Programme und Manifeste zur Architektur des 20. Jahrhunderts
2 Le Corbusier, 1922 – Ausblick auf eine Architektur
3 Werner Hegemann, 1930 – Das steinerne Berlin
4 Jane Jacobs, Tod und Leben großer amerikanischer Städte*
5 Sherman Paul, Louis H. Sullivan*
6 L. Hilberseimer, Entfaltung einer Planungsidee*
7 H. L. C. Jaffé, De Stijl 1917–1931*
8 Bruno Taut, Frühlicht 1920–1922*
9 Jürgen Pahl, Die Stadt im Aufbruch der perspektivischen Welt*
10 Adolf Behne, 1923 – Der moderne Zweckbau*
11 Julius Posener, Anfänge des Funktionalismus*
12 Le Corbusier, 1929 – Feststellungen
13 Hermann Mattern, Gras darf nicht mehr wachsen*
14 El Lissitzky, 1929 – Rußland: Architektur für eine Weltrevolution*
15 Christian Norberg-Schulz, Logik der Baukunst
16 Kevin Lynch, Das Bild der Stadt*
17 Günter Günschel, Große Konstrukteure 1
18 nicht erschienen
19 Anna Teut, Architektur im Dritten Reich 1933–1945*
20 Erich Schild, Zwischen Glaspalast und Palais des Illusions
21 Ebenezer Howard, Gartenstädte von morgen
22 Cornelius Gurlitt, Zur Befreiung der Baukunst*
23 James M. Fitch, Vier Jahrhunderte Bauen in USA*
24 Felix Schwarz und Frank Gloor (Hrsg.), „Die Form" – Stimme des Deutschen Werkbundes 1925–1934
25 Frank Lloyd Wright, Humane Architektur*
26 Herbert J. Gans, Die Levittowner. Soziographie einer »Schlafstadt«
27 Günter Hillmann (Hrsg.), Engels: Über die Umwelt der arbeitenden Klasse
28 Philippe Boudon, Die Siedlung Pessac – 40 Jahre*
29 Leonardo Benevolo, Die sozialen Ursprünge des modernen Städtebaus*

30 Erving Goffman, Verhalten in sozialen Strukturen*
31 John V. Lindsay, Städte brauchen mehr als Geld*
32 Mechthild Schumpp, Stadtbau-Utopien und Gesellschaft*
33 Renato De Fusco, Architektur als Massenmedium
34 Gerhard Fehl, Mark Fester und Nikolaus Kuhnert (Hrsg.), Planung und Information
35 David V. Canter (Hrsg.), Architekturpsychologie
36 John K. Friend und W. Neil Jessop (Hrsg.), Entscheidungsstrategie in Stadtplanung und Verwaltung
37 Josef Esser, Frieder Naschold und Werner Väth (Hrsg.), Gesellschaftsplanung in kapitalistischen und sozialistischen Systemen*
38 Rolf-Richard Grauhan (Hrsg.), Großstadt-Politik*
39 Alexander Tzonis, Das verbaute Leben*
40 Bernd Hamm, Betrifft: Nachbarschaft
41 Aldo Rossi, Die Architektur der Stadt*
42 Alexander Schwab, Das Buch vom Bauen
43 Michael Trieb, Stadtgestaltung*
44 Martina Schneider (Hrsg.), Information über Gestalt
45 Jörn Barnbrock, Materialien zur Ökonomie der Stadtplanung
46 Gerd Albers, Entwicklungslinien im Städtebau*
47 Werner Durth, Die Inszenierung der Alltagswelt
48 Thilo Hilpert, Die Funktionelle Stadt*
49 Fritz Schumacher (Hrsg.), Lesebuch für Baumeister
50 Robert Venturi, Komplexität und Widerspruch in der Architektur
51 Rudolf Schwarz, Wegweisung der Technik und andere Schriften zum Neuen Bauen 1926–1961
52 Gerald R. Blomeyer und Barbara Tietze, In Opposition zur Moderne
53 Robert Venturi, Denise Scott Brown und Steven Izenour, Lernen von Las Vegas
54/55 Julius Posener, Aufsätze und Vorträge 1931–1980
56 Thilo Hilpert (Hrsg.), Le Corbusiers „Charta von Athen". Texte und Dokumente. Kritische Neuausgabe
57 Max Onsell, Ausdruck und Wirklichkeit
58 Heinz Quitzsch, Gottfried Semper – Praktische Ästhetik und politischer Kampf
59 Gert Kähler, Architektur als Symbolverfall
60 Bernard Stoloff, Die Affaire Ledoux

61 Heinrich Tessenow, Geschriebenes
62 Giorgio Piccinato, Die Entstehung des Städtebaus
63 John Summerson, Die klassische Sprache der Architektur
64 G. Fischer, L. Fromm, R. Gruber, G. Kähler und K.-D. Weiß, Abschied von der Postmoderne
65 William Hubbard, Architektur und Konvention
66 Philippe Panerai, Jean Castex und Jean-Charles Depaule, Vom Block zur Zeile
67 Gilles Barbey, WohnHaft
68 Christoph Hackelsberger, Plädoyer für eine Befreiung des Wohnens aus den Zwängen sinnloser Perfektion
69 Giulio Carlo Argan, Gropius und das Bauhaus
70 Henry-Russell Hitchcock und Philip Johnson, Der Internationale Stil – 1932
71 Lars Lerup, Das Unfertige bauen
72 Alexander Tzonis und Liane Lefaivre, Das Klassische in der Architektur
73 Elisabeth Blum, Le Corbusiers Wege
74 Walter Schönwandt, Denkfallen beim Planen
75 Robert Seitz und Heinz Zucker (Hrsg.), Um uns die Stadt
76 Walter Ehlers, Gernot Feldhusen und Carl Steckeweh (Hrsg.), CAD: Architektur automatisch?
77 Jan Turnovský, Die Poetik eines Mauervorsprungs
78 Dieter Hoffmann-Axthelm, Wie kommt die Geschichte ins Entwerfen?
79 Christoph Hackelsberger, Beton: Stein der Weisen?
80 Georg Dehio und Alois Riegl, Konservieren, nicht restaurieren, Herausgegeben von Marion Wohlleben und Georg Mörsch
81 Stefan Polónyi, ... mit zaghafter Konsequenz
83 Christoph Feldtkeller, Der architektonische Raum: eine Fiktion (in Vorbereitung)
84 Wilhelm Kücker, Die verlorene Unschuld der Architektur (in Vorbereitung)
85 Ueli Pfammatter, Moderne und Macht (in Vorbereitung)
86 Christian Kühn, Das Schöne, das Wahre und das Richtige
87 Georges Teyssot, Die Krankheit des Domizils (in Vorbereitung)
88 Leopold Ziegler, Florentinische Introduktion

---

*vergriffen

Bei Fragen zur Produktsicherheit wenden Sie sich bitte an:
If you have any questions regarding product safety,
please contact:

Birkhäuser Verlag GmbH
Im Westfeld 8
4055 Basel, Schweiz
productsafety@degruyterbrill.com